Wolfgang Mertens

TRAUM UND TRAUMDEUTUNG

Verlag C.H.Beck

Mit 2 Abbildungen und 11 Tabellen

1. Auflage. 1999
2., durchgesehene Auflage. 2000

Dritte, aktualisierte Auflage. 2003

Originalausgabe

Gesamtherstellung: Druckerei C. H. Beck, Nördlingen
Umschlagentwurf: Uwe Göbel, München
Printed in Germany
ISBN 3 406 43317 0

www.beck.de

Inhalt

Wir sind aus solchem Stoff
wie der aus Träumen
und unser kleines Leben
umgibt ein Schlaf.

(William Shakespeare, *Der Sturm*,
4. Aufzug, Erster Auftritt)

1. Das Faszinosum des Traums

Das Verständnis der Psychologie des Traums und der darauf basierenden Traumdeutung ist in diesem Jahrhundert stark von den Auffassungen Sigmund Freuds geprägt. Die Freudianer wie auch die Kritiker der Psychoanalyse nehmen bis zum heutigen Tag auf Freud Bezug, um ihre eigenen Auffassungen kontrastierend darzustellen. So bleibt für Freunde und Gegner die psychoanalytische Traumauffassung Ausgangspunkt für alle Modifizierungen und Weiterentwicklungen. Auch für die meisten Freudianer ist heutzutage die Freudsche Traumlehre in mancherlei Hinsicht nicht mehr zeitgemäß. Denn das Verständnis vom Traum und vom Träumen hat sich auch innerhalb der Psychoanalyse in diesem Jahrhundert verändert, so wie sich ebenfalls viele andere theoretische Weiterentwicklungen ergeben haben. Und selbstverständlich lassen auch die Befunde der Kognitionspsychologie und Neurowissenschaften, die in den zurückliegenden zwei Jahrzehnten einen rasanten Aufschwung genommen haben, manche der Freudschen Annahmen in einem anderen Licht erscheinen; für einige Neurowissenschaftler scheint sogar Freuds ganzes Werk damit widerlegt zu sein. Bevor wir uns mit diesen Themen auseinandersetzen, blicken wir kurz zurück.

Auch wenn viele Autoren die Auseinandersetzung mit dem Traum erst mit dem epochalen Werk von Freud beginnen lassen, so reicht doch die Beschäftigung mit dem Traum viel weiter in die Vergangenheit zurück. Zahlreiche Vermächtnisse legen Zeugnis davon ab, wie sich bereits frühere Kulturen mit dem faszinierenden Thema des Träumens beschäftigt haben.

Wenn wir uns an einen Traum erinnern,

nehmen wir Kontakt zu unserer unbewußten Phantasiewelt auf,

erfahren wir einen Zugang zu früheren Erinnerungen, in denen die möglichen Wege zur Erfüllung unserer Kindheitswünsche aufbewahrt sind,

erfahren wir aber auch, welche unbewältigten Ängste immer noch auf unser Tageserleben Einfluß ausüben können, und lernen, daß wir uns viele Aufgaben in der Gegenwart deshalb nicht zutrauen, weil sie immer noch mit alten Ängsten verbunden sind,

können wir uns vergegenwärtigen, welche Mittel unsere unbewußte Abwehr einsetzt, um die anstößigen und angsterregenden Teile unserer Tageserlebnisse vor uns selbst verborgen zu halten.

Wenn in unseren Träumen ungelöste Konflikte aus der Vergangenheit angesprochen werden, können zuvor unbewußte Wünsche, Emotionen und Handlungen vorbewußt werden.

Wir lernen dadurch auch unsere Abwehrformationen kennen, die wir einsetzen, um mit den durch die Tagesereignisse provozierten, konflikthaften Wünschen und Emotionen umgehen zu können.

Auf diese Weise kommen wir in Kontakt mit der Kreativität unseres Ichbewußtseins im Traum, aber auch im Wachzustand.

Dadurch erfahren wir, welch Glücksgefühl und Befriedigung sich einstellen können, wenn wir unsere Wünsche mit weniger Abwehr erleben könnten, was auch einen Ansporn dafür darstellt, uns mit unseren Einschränkungen auseinanderzusetzen. Dabei können wir auch lernen, unerfüllbare Kinderwünsche von solchen zu unterscheiden, die in Gegenwart und Zukunft in einer dem Erwachsenenleben angepaßten Form noch realisierbar wären.

So können wir daran arbeiten, geeignetere Möglichkeiten der Konfliktlösung und der Wunschbefriedigung in der Realität zu finden.

Manchmal erfahren wir aber auch, welche traumatischen Erinnerungen sich immer wieder im Traum Ausdruck verschaffen und Angst hervorrufen, um damit endlich einer Integration und Lösung zugeführt werden zu können.

Und schließlich lernen wir noch, daß unsere Träume häufig auch einen kommunikativen Aspekt aufweisen: Sie beziehen sich z. B. auf unseren Partner oder – wenn wir uns in Therapie befinden – häufig auch auf unseren Therapeuten und machen uns auf bislang nicht bewußte Erlebnisinhalte aufmerksam.

So ist z. B. von dem chinesischen Dichter-Philosophen Tschuang-Tse überliefert, daß er die nachdenkliche Überlegung anstellte: „Heute nacht habe ich geträumt, ich sei ein Schmetterling. Woher weiß ich jetzt, ob ich ein Mensch bin, der glaubt, geträumt zu haben, ein Schmetterling zu sein, oder ob ich ein Schmetterling bin, der jetzt träumt, ein Mensch zu sein?"

Im babylonischen Talmud, dessen mündlich tradierte Anfänge bis in die Zeit 1500 vor Christi zurückgehen, ist ein beträchtlicher Teil den Träumen gewidmet. Träume beinhalten nach talmudischer Auffassung nicht nur eine prophetische Kraft, sondern haben auch eine das politische Leben gestaltende Funktion.

Bei Platon finden wir im fünften Jahrhundert vor Christus bereits intuitive Einsichten über den Traum, die uns auch heute noch Respekt abnötigen. So stellt die Botschaft des Traums für Platon ein einzigartiges Mittel der Selbsterkenntnis und der Therapie bereit; in dieser Hinsicht läßt er sich durchaus mit Freud vergleichen. Zwar sollte der Traum nicht unter irgendeine Theorie subsumiert werden, sondern für sich selber sprechen, aber dennoch oder gerade auch deswegen ist er in der Lage, uns eine erweiterte Sicht von uns selbst und von unserer Welt zu vermitteln.

Aristoteles wies darauf hin, daß während des Schlafens die Aktivität der auf die Außenwelt gerichteten Sinnesorgane stark reduziert ist; die im Traum erzeugten Vorstellungen können deshalb nicht von äußeren Reizen ausgelöst sein. Für ihn sind die Träume auch nicht länger Botschaften der Götter, sondern resultieren aus der gesteigerten Introspektionsfähigkeit unserer Seele im Traum.

Auch in der Bibel finden sich viele Bezugnahmen auf Träume. Am bekanntesten sind sicherlich die Träume des Pharao und ihre Auslegung seitens des Joseph, der die sieben wohlgenährten und häßlichen Kühe und die sieben dicken und dünnen Ähren interpretierte.

Vielleicht staunten wir schon als Kinder über die kluge Deutung des Joseph, daß dem Ägypterreich nach sieben Jahren Fruchtbarkeit eine siebenjährige Dürre und Hungersnot bevorstehen würde und entsprechende Maßnahmen zu ergreifen seien.

Möglicherweise hinterließen auch die beiden anderen aus der Josephsgeschichte berichteten Träume einen tiefen Eindruck, auch wenn wir damals noch nichts von phallischem Narzißmus wußten, sondern allenfalls ahnten, daß hochmütiges Verhalten unter Geschwistern wohl häufig vorkommt und zumeist auch früher oder später bestraft wird.

„Einst hatte Joseph einen Traum und teilte ihn seinen Brüdern mit; da haßten sie ihn noch mehr. Er sagte nämlich zu ihnen: ‚Hört einmal diesen Traum, den ich gehabt habe. Wir waren gerade beschäftigt, Garben draußen auf dem Felde zu binden, und denkt nur: meine Garbe richtete sich empor und blieb auch aufrecht stehen, aber eure Garben stellten sich rings im Kreise herum und verneigten sich vor meiner Garbe.‘ Da sagten seine Brüder zu ihm: ‚Du willst wohl gar König über uns werden oder gar Herrscher über uns sein?‘ Da haßten sie ihn noch mehr wegen seiner Träume und wegen seiner Reden.

Er hatte nämlich noch einen anderen Traum, den er seinen Brüdern so erzählte: ‚Hört, ich habe noch einen Traum gehabt. Denkt nur: die Sonne und der Mond und elf Sterne verneigten sich vor mir.‘ Als er das seinem Vater und seinen Brüdern erzählte, schalt ihn sein Vater und sagte zu ihm: ‚Was ist das für ein Traum, den du da gehabt hast! Meinst du, ich und deine Mutter und deine Brüder sollen kommen, um uns vor dir zur Erde zu verneigen?‘“

In Artemidor von Daldis (134–200 n.Chr.) begegnet man einem Traumforscher, der bereits auf systematische Weise Träume zu sammeln und auszuwerten verstand. Sein Traumbuch enthielt eine Reihe von psychischen Mechanismen, die stark an die von Freud postulierten Vorgänge der Traumzensur, wie die der Verdichtung, Verschiebung und Symbolisierung erinnern.

Mit dem Zeitalter der Aufklärung begann eine Strömung, die bis heute anhält: Es war der Versuch, den Primat der Sinneserfahrung, vor allem des Auges, durchzusetzen, um auf diese

Weise zu objektivem Wissen zu gelangen, das von jedermann, der z.B. ein Meßverfahren beherrscht, nachvollzogen werden kann. Aberglauben und Unwissenheit sollten bekämpft werden; alles was sich der Kontrolle durch Objektivierbarkeit entzog, wurde als unwissenschaftlich zurückgewiesen oder gar für nicht existent erklärt. Phänomene, wie der Inhalt eines Traums, der nur durch Introspektion erfahrbar ist, wurden dem Aberglauben zugeordnet, es sei denn, es ließen sich von außen meßbare Vorgänge, wie z.B. Nervenvorgänge oder äußere Reize, als Auslöser für einen Traum ausfindig machen. Dies war die Geburtsstunde der neurophysiologischen und experimentellen Erforschung von Träumen.

Im neunzehnten Jahrhundert beschäftigten sich vor allem viele Mediziner mit dem Traum. Der französische Wissenschaftler Alfred Maury (1817–1892) veröffentlichte im Jahr 1861 *Le sommeil et les rêves*. Er bat einen Mitarbeiter, ihn während des Schlafens in bestimmten Abständen zu wecken, und notierte sich dann seine Träume. Seine Methodik erinnert an die sensationellen Befunde der experimentellen Traumforscher in diesem Jahrhundert, die ihre träumenden Versuchspersonen aus ihren REM-Phasen aufweckten. REM-Phasen sind Schlafzustände, die nach den schnellen Augenbewegungen (rapid eye movements) benannt sind. Von ihnen vermuten Forscher seit den 50er Jahren, daß sie ein physiologisches Korrelat für das Auftreten von Träumen sein könnten. Dafür spricht auch, daß Versuchspersonen im Schlaflabor einen Traum leichter erinnern können, wenn sie die Gelegenheit haben, ihn unmittelbar nach dem Aufwachen aus dem REM-Schlaf zu erinnern. Maury interessierte sich auch für die traumähnlichen Phänomene, die sich beim allmählichen Hinübergleiten vom Wach- in den Schlafzustand einstellen, die sog. hypnagogischen Halluzinationen. Und wie eine Vorwegnahme späterer Experimente muten auch seine Versuche an, in denen er vor dem Schlafengehen bestimmte Stimuli darbot und daraufhin verfolgte, ob und wie diese in den visuellen Produktionen sowohl zu Schlafbeginn als auch in den späteren Träumen seiner Versuchspersonen wieder auftauchten.

Maurys Kollege, der französische Marquis Hervey de Saint-Denis, füllte 22 Bücher mit den Aufzeichnungen seiner eigenen Träume und deren Interpretationen. Er vertrat die These, daß der Verlust der willentlichen Beeinflussung des Traumgeschehens aufgehoben werden kann, wenn sich der Träumende vor dem Zubettgehen autosuggestiv einredet, daß er auf den Traum Einfluß nehmen könne – ein Vorläufer der in diesem Jahrhundert vor allem in der esoterischen Literatur propagierten Theorie des luziden Träumens. Der Marquis bewies somit im Selbstversuch, daß die Konzentration auf den Wunsch, sich seiner Träume zu erinnern, zumindest die Erinnerungsfähigkeit erheblich steigern kann. Heute weiß man, daß die Traumerinnerung und -reflexion eine erhebliche psychohygienische Funktion haben und daß man in der Tat einen gewissen Einfluß auf den Inhalt seiner Träume nehmen kann, sofern man sich diese und die darin vorkommenden Konflikte bewußtmacht.

Auch der deutsche Sinnesphysiologe, Neukantianer und Wegbereiter der experimentellen Psychologie, Hermann von Helmholtz (1821–1894), beschäftigte sich im Rahmen seiner Wahrnehmungstheorie, vor allem in seinem *Handbuch der Physiologischen Optik* (1856) mit dem Träumen. Aber wie schon seinem Lehrer Johannes Müller galt ihm die Psychologie lediglich als eine Hilfswissenschaft der Physiologie. Die *Psychologie* des Traums blieb ihm deshalb verschlossen, so wie sie auch für viele in der psychophysikalischen und behavioristischen Tradition aufgewachsene Psychologen kein Thema wurde. Nur das von außen Beobacht- und Meßbare durfte für sie zum Gegenstand einer der Physik nachempfundenen psychologischen Wissenschaft werden. Schade für die vielen psychologischen Themen, die sich ungleich ergiebiger durch andere Methoden, wie z.B. die Introspektion, erschließen lassen; eine ungeheure Chance aber für Sigmund Freud, der sich – obzwar naturwissenschaftlich als Neurologe sozialisiert – auf den schwankenden psychologischen Boden des Traums einließ.

Einsichten wie diese werden dem Sterblichen nur einmal in seinem Leben zuteil

(Sigmund Freud im Vorwort zur dritten engl. Ausgabe der *Traumdeutung*)

2. Freuds Traumpsychologie und Traumdeutung

Nicht die Traumdeutung als solche, sondern die psychoanalytische Herangehensweise kann als bleibendes Verdienst von Sigmund Freuds Beschäftigung mit dem Traum betrachtet werden. Die Auseinandersetzung mit dem Traum ist wesentlich älter. Aber erst Freud gelang unter ständigem Rückgriff auf die Analyse seiner eigenen Träume der Nachweis, daß sich in den scheinbar sinnlosen und rätselhaften Traumproduktionen abgewehrte Sinnzusammenhänge äußern, die in einen sinnhaften Bedeutungshorizont eingegliedert werden können. Dieser Sinn hat unmittelbar mit dem Leben des Träumenden zu tun, mit seinen durch Tagesereignisse ausgelösten Konflikten, Problemen und Hoffnungen, aber vor allem auch mit den durch Erziehung, durch Anstand und Moral zwar abgewehrten, aber letztlich doch unsterblichen Kinderwünschen. Freilich zeigt sich dieser Sinn nicht in einem schnellen Deutungseinfall oder anhand einer einfachen Symbolübersetzung, wie uns dies sogenannte Traumratgeber bis zum heutigen Tag weismachen wollen. Vielmehr gilt es, dieses Sinns erst anhand einer sinnverstehenden Arbeit habhaft zu werden. Einfache Übersetzungen (Träume von einem Eisenbahnzug etwa bedeuten, daß der Zug abgefahren ist; der Blick von einem Hochhaus deutet auf eine suizidale Absicht hin; ein Raubtier verweist auf das Destruktive in uns usf.) müssen eher als Widerstand aufgefaßt werden, sich mit dem Sinn des Traumes tiefgründiger auseinanderzusetzen. Der latente Trauminhalt läßt sich nach Freud nur schrittweise rekonstruieren, ausgehend vom manifesten Traumbericht, den Einfällen des Träumers bestehend aus Tagesresten und Erinnerungen und in der psychoanalytischen Situation noch zusätzlich anhand der Beziehung zwischen Analysand und Analytiker.

Die Traumdeutung ist aber noch aus einem anderen Grund ein epochales Werk für die Psychoanalyse geworden. War nämlich Freud vor dem Erscheinen seiner *Traumdeutung* ausschließlich mit pathologischen Phänomenen befaßt, so stellt der Traum ein Phänomen des normalen Seelenlebens dar. Die Kenntnis dieses ungemein wichtigen Bereichs menschlicher Geistestätigkeit, und wie wir heute wissen, dieser für das Überleben wichtigen und absolut notwendigen Tätigkeit, befreite die Psychoanalyse erstmals von ihrem subsidiären Status einer Hilfswissenschaft der Psychopathologie und ließ sie als eine Wissenschaft erscheinen, die auch für das Verständnis normalpsychologischer Vorgänge unentbehrlich ist. Damit eröffnete sich ihr „der Weg ins Weite, zum Weltinteresse", denn „man darf ihre Voraussetzungen und Ergebnisse auf andere Gebiete des seelischen und geistigen Geschehens übertragen" (Freud 1925d, S. 73).

Schon als Jugendlicher interessierte sich Freud für Träume, aber es waren vor allem seine Patienten, die ihn dazu bewegten, sich intensiver mit dem Traum zu beschäftigen. Freud nannte den 24. Juli 1895, an dem es ihm erstmals gelang, mittels des Verfahrens der freien Assoziation einen eigenen Traum zu deuten. Dieser Traum, der Traum von „Irmas Injektion", ist als „Muster-" oder „Initialtraum" in die Geschichte der Psychoanalyse eingegangen. Der in den folgenden Monaten ausgearbeitete *Entwurf einer Psychologie* enthielt drei Abschnitte über den Traum; aber erst gegen Ende des Jahres 1897 begann Freud mit der Abfassung der *Traumdeutung*, die er eindreiviertel Jahre später, im Spätsommer 1899, fertigstellte. Im November lag die Arbeit gedruckt vor, der Verleger aber hatte auf das Titelblatt – heute nur allzu verständlich – das Jahr 1900 setzen lassen.

Für Freud stellte die über 600 Seiten umfassende Arbeit der *Traumdeutung*, die zusammen mit der ein Jahr später fertiggestellten und wesentlich kürzeren Arbeit *Über den Traum* Band 2 und 3 seiner gesammelten Werke bildet, auch Jahre später noch seine bedeutendste Schrift dar. Dafür spricht auch, daß Freud *Die Traumdeutung* über die Jahre hinweg anhand von Fußnoten auf dem neuesten Erkenntnisstand hielt. Aber nicht nur in diesem Werk, auch in einer Anzahl von anderen Aufsätzen kehrte Freud immer wieder zum Thema des Traums und der Traumdeutung zurück.

Tab. 1: Freuds Arbeiten zum Traum

Freuds Publikationen zum Thema Traum und Traumdeutung	
1900	Die Traumdeutung
1901	Über den Traum
1905	Der Witz und seine Beziehung zum Unbewußten, 6. Kapitel Bruchstück einer Hysterieanalyse
1911	Die Handhabung der Traumdeutung in der Psychoanalyse
1913	Ein Traum als Beweismittel Märchenstoffe in Träumen Kindheitsträume mit spezieller Bedeutung
1916/7	Vorlesungen zur Einführung in die Psychoanalyse, Zweiter Teil: Der Traum Metapsychologische Ergänzungen zur Traumlehre
1923	Bemerkungen zur Theorie und Praxis der Traumdeutung
1925	Einige Nachträge zum Ganzen der Traumdeutung
1933	Neue Folge der Vorlesungen, 29. Vorlesung: Revision der Traumlehre
1938	Abriß der Psychoanalyse, 5. Kapitel: Erläuterung an der Traumdeutung

Die Traumlehre blieb – folgen wir der Einschätzung des Hamburger Freudforschers Thomas Köhler – der wohl konstanteste Theorieteil des Begründers der Psychoanalyse. In der 29. Vorlesung der *Neuen Folge* resümierte Freud: „Die Traumlehre ist seither auch das Kennzeichnendste und Eigentümlichste der jungen Wissenschaft geblieben, etwas wozu es kein Gegenstück in unserem sonstigen Wissen gibt, ein Stück Neuland, dem Volksglauben und der Mystik abgewonnen. Die Fremdartigkeit der Behauptungen, die sie aufstellen mußte, hat ihr die Rolle eines Schiboleths verliehen, dessen Anwendung entschied, wer ein Anhänger der Psychoanalyse werden konnte und wem sie endgültig unfaßbar blieb. Mir selbst war sie ein sicherer Anhalt in jenen schweren Zeiten, da die unerkannten Tatbestände der Neurose mein ungeübtes Urteil zu verwirren pflegten. So oft ich auch an der Richtigkeit meiner schwankenden Erkenntnisse zu zweifeln begann, wenn es mir gelungen war, einen sinnlos verworrenen Traum in einen korrekten und begreiflichen seelischen Vorgang beim Träumer umzusetzen, erneuerte sich meine Zuversicht, auf der richtigen Spur zu sein" (Freud 1933a, S. 6f.).

Freuds Traumdeutung – Biographische Aspekte

Die Gründlichkeit der Freudschen Argumentation habe es nach Ernest Jones seinen Schülern schwergemacht, wesentliche Revisionen vorzunehmen, so daß die Psychologie des Traums und die daraus abgeleitete Trauminterpretation keinen sehr großen Forschungsanreiz für die nachfolgende Generation darstellen – abgesehen von Alfred Adler, Carl Gustav Jung, Alphonse Maeder u.a., die eigene Wege beschritten. Das hat sich in der zweiten Hälfte des 20. Jahrhunderts innerhalb der Psychoanalyse jedoch deutlich verändert, wie wir in den folgenden Kapiteln sehen werden.

Bereits 1896 ist *Die Traumdeutung* in ihren wesentlichen Argumentationslinien fertig gewesen, aber erst im Alter von 43 Jahren, im Sommer 1899 hat Freud sie niedergeschrieben. In seiner *Selbstdarstellung* läßt Freud (1925d) uns wissen, daß er sein Projekt vier bis fünf Jahre unterdrückte, ehe er den Mut fand, damit an die Öffentlichkeit zu treten.

Was ist das besondere an der *Traumdeutung*? Freuds Traumdeutung ist wissenschaftliches Werk und Autobiographie zugleich; was diese Leistung bedeutet, wird an dem folgenden Umstand unmittelbar ersichtlich: Noch einhundert Jahre nach der Veröffentlichung des Irma-Traums, des Initialtraums der Psychoanalyse, beschäftigen sich Interpreten mit den von Freud verschwiegenen und ihm zumindest teilweise selbst unbewußt gebliebenen biographischen Hintergründen. Aber auch seine anderen in der *Traumdeutung* veröffentlichten Träume waren Anlaß für viele Reinterpretationen zahlreicher Entwicklungslinien und Konflikte des zu diesem Zeitpunkt 43jährigen Freuds. Freuds Biographen, wie Ernest Jones, Max Schur, Didier Anzieu und Peter Gay, haben in der *Traumdeutung* die Veröffentlichung seiner Selbstanalyse erblickt. Diese vermittelt unter anderem einen tiefen Einblick in Freuds Ehrgeiz, der wesentliche Impulse aus dem Erleben der Zurücksetzung und narzißtischen Kränkung seines Vaters wegen seines Judentums erhielt.

1886 hatte Freud seine Privatpraxis in Wien gegründet; die Anzahl seiner Patienten schwankte zunächst. In den darauffolgenden Jahren bemühte er sich um den Aufbau einer eigenen psychologischen Theorie. In Wien fühlte er sich noch wenig anerkannt, fehlte ihm doch der Rückhalt durch eine Forschergemeinschaft wie am Physiologischen Institut bei Ernst Brükke. Der einzige wissenschaftliche Austausch bestand in diesen Jahren zuerst mit Joseph Breuer, mit dem er 1895 die *Studien über Hysterie* herausgab, dann mit Wilhelm Fließ.

Zwischen Freuds 30. und 40. Lebensjahr wurden ihm von Martha sechs Kinder geboren. 1896 starb sein 81jähriger Vater, auf dessen Tod er unverhältnismäßig stark reagierte; in einem Brief an Fließ bezeichnete er den Tod des Vaters als „das bedeutsamste Ereignis, den einschneidendsten Verlust im Leben eines Mannes".

Mit dem Tod des Vaters gingen zeitlich einher die Aufgabe bzw. starke Revision der Verführungstheorie als Erklärung für die Ätiologie der Hysterie, also jener These, daß alle seelischen Erkrankungen die Folge sexuellen Mißbrauchs eines Kindes durch einen Erwachsenen oder ein älteres Geschwister seien, und die Entfremdung von Josef Breuer. Dies und der neue ungewisse Status führten zu dem, was Henry Ellenberger (1972, S. 610f.) „Freuds schöpferische Krankheit" genannt hat. Zusammen mit Freuds Selbstanalyse bildete sie den Nährboden, aus dem die Gedanken für die *Traumdeutung* erwuchsen.

Tab. 2: Lebensdaten und Werke Freuds zum Zeitpunkt der *Traumdeutung*

Jahr	Lebensdaten Freuds	Werke
1885	Freud wird Privatdozent Studienreise nach Paris zu Charcot an die Salpêtrière	
1886	30jährig heiratet Freud und eröffnet seine Praxis	
1893	das fünfte Kind wird geboren	
1895	Traum von „Irmas Injektion"	zusammen mit Josef Breuer *Studien über Hysterie*
		Entwurf einer Psychologie
	Anna kommt als sechstes Kind auf die Welt	
1896	Tod des Vaters	
	Beginn der Selbstanalyse	
1897		Beginn der Arbeiten am Traum
1899		Abschluß der *Traumdeutung*
1901		*Über den Traum* *Bruchstück einer Hysterieanalyse* *Zur Psychopathologie des Alltagslebens*

Weder seine bisherigen neurologischen Publikationen noch der finanzielle Erfolg seiner Privatpraxis entsprachen Freuds Erwartungen. Seiner Frau Martha und ihm war bei der Empfängnisverhütung ein Fehler unterlaufen, mit der Folge, daß Martha mit einem sechsten Kind schwanger geworden war. Die Sexualität mußte nun eingeschränkt werden, da es zuverlässige Verhütungsmittel damals noch nicht gab – probate Mittel im Patriarchat, wie eine junge Geliebte, ein Dienstmädchen oder den Gang zu den Huren, lehnte Freud ab.

Neben den bereits erwähnten Motiven, die Selbsterforschung auf dem Weg der Traumdeutung voranzubringen, den Tod des Vaters zu verarbeiten und ein guter Therapeut zu werden, spielte für Freud sicherlich auch der Wunsch, berühmt zu werden, indem er das herkömmliche wissenschaftliche Denken seiner Disziplin aufsprengte, eine wichtige Rolle. Die Ethnopsychoanalytiker Mario Erdheim und Maya Nadig haben vermutet, daß es nicht so sehr die Erkenntnisse der *Traumdeutung* waren, welche die damalige Fachwelt schokkierten, sondern die Art des von Freud eingeschlagenen Diskurses, denn noch niemals hatte ein Psychiater, geschweige denn ein Naturwissenschaftler, so offen über sich selbst gesprochen. *Die Traumdeutung* anzuerkennen hätte geheißen, denselben Anspruch auch für sich zu akzeptieren, und dazu waren Wissenschaftler damals wie heute nicht bereit.

Freuds mit großer Offenheit mitgeteilte Einfälle zu seinen Träumen waren ein Vorgriff auf die Haltung der systematischen Selbstreflexion, die später in dem Konzept der Gegenübertragung, vor allem in deren systematischer Bewußtmachung und Reflexion zu einem Grundpfeiler der psychoanalytischen Erkenntnishaltung geworden ist.

Freud hat sich später oft enttäuscht darüber geäußert, daß die Fachwelt auf sein Buch *Die Traumdeutung* nicht reagiert habe. Erst im Jahr 1909 wurde eine zweite Auflage nötig, während z.B. von Charles Darwins *Über den Ursprung der Arten* bereits am ersten Erscheinungstag die gesamte Auflage von 1250 Exemplaren verkauft war. Man würde jedoch zur Legendenbildung Freuds als eines heroischen und verkannten Genies beitragen, wenn man seiner Einschätzung, die später auch von seinem Biographen Ernest Jones wiederholt und verbreitet wurde, völlig folgen würde. Denn *Die Traumdeutung* wurde sehr wohl von Deutschlands Gebildeten, insbesondere in Literatenkreisen rezipiert. Nur die meisten Mediziner und Psychologen standen seinem Werk und der Traumtheorie reserviert bis ablehnend gegenüber.

Wir bleiben auf
psychologischem Boden
(Sigmund Freud 1900 a, S. 541)

Stellt der Traum überhaupt einen psychologischen Gegenstand dar?

Freud leitete sein Traumbuch mit den folgenden Worten ein: „Auf den folgenden Blättern werde ich den Nachweis erbringen, daß es eine psychologische Technik gibt, welche gestattet, Träume zu deuten, und daß bei Anwendung dieses Verfahrens jeder Traum sich als ein sinnvolles Gebilde herausstellt, welches an angebbarer Stelle in das seelische Treiben des Wachens einzureihen ist" (Freud 1900 a, S. 1).

Freud grenzte sich somit entschieden gegen die Auffassung ab, Träume seien psychologisch bedeutungslose Vorgänge. Auch heutzutage wird diese Meinung immer noch vertreten, gelegentlich sogar untermauert durch die Auffassung von Crick und Mitchison (1977), daß Trauminhalte keinerlei Bedeutung hätten und nur neurologische Entladungsvorgänge, sinnloses Plattenputzen im Computerjargon, darstellen würden. Aber Psychoanalytiker verstünden es vorzüglich, jedem Unsinn einen Sinn zu geben.

Für Freud stellte der Traum allerdings kein somatisches, sondern ein psychisches Phänomen dar: „Wenn der Traum ein somatisches Phänomen ist, geht er uns nichts an; er kann uns nur unter der Voraussetzung, daß er ein seelisches Phänomen ist, interessieren" (Freud 1916–17 a, S. 97). Ausgangspunkt für die Klärung der Frage, ob die Inhalte des Träumens sinnhafte Gebilde seien, auch wenn dieser Sinn dem Analysanden zunächst nicht bewußtseinszugänglich ist, ist somit zunächst die Anerkennung, daß der Traum überhaupt eine Konfiguration darstellt, der man einen psychologischen Sinn zuschreiben kann. Wird der Inhalt des Traumes als psychisches Phänomen betrachtet, und nicht als submentales oder physiologisches, so ist diese Voraussetzung gegeben.

Selbstverständlich bedeutet diese Zuordnung jedoch nicht, daß der Traum kein neurologisches oder neurobiologisches

Korrelat hat; natürlich weist er dieses auf. Bei der Klärung der Zusammenhänge zwischen psychischen und physiologischen Prozessen betritt man bereits einen metapsychologischen bzw. interdisziplinären Boden, einen Zwischenbereich, der jenseits der psychologischen Betrachtungsweise angesiedelt ist. Psychologische und neurophysiologische Zugänge erfordern jeweils eine eigene Begrifflichkeit und eine eigene Methodik; weder läßt sich die psychologische auf die neurophysiologische oder -biologische Betrachtungsweise reduzieren noch umgekehrt.

Wenn manchem die Tatsache, daß Träume eine reale Existenz aufweisen und daß sie ein seelisches Erleben höchst komplexer und faszinierender Art darstellen, vielleicht als Selbstverständlichkeit erscheinen mag, so ist es dennoch angebracht, sich noch einmal die Leistung von Freud zu verdeutlichen: Gegen Ende des vorigen Jahrhunderts, als die *psychologische* Betrachtung eines Untersuchungsgegenstands in den Augen vieler Wissenschaftler und Laien – und das ist heute nicht viel anders – kaum Prestige versprach, sondern nur die naturwissenschaftliche Perspektivierung, weil nur die letztere mit dem industriell-technischen Komplex, mit Geld und Macht assoziiert wurde, wagte es Freud, sich von dem Anspruch zu befreien, Psychisches auf Neurophysiologisches zu reduzieren. Freud erkannte, daß man den psychologischen Sinn eines Traums nur verstehen kann, wenn man auf psychologischem Boden verbleibt, und widerstand der Versuchung, dieses Thema neurophysiologisch zu untersuchen.

Es ist darüber spekuliert worden, ob er, wenn ihm bereits die Methoden, z.B. des Elektroenzephalogramms (EEG) oder des Elektrookulographen (EOG zur Aufzeichnung der Augenbewegungen) zur Verfügung gestanden hätten, nicht doch versucht hätte, sich dem Traum auf dem ihm von seiner wissenschaftlichen Sozialisation durch und durch vertrauten Terrain anzunähern. Immerhin hatte er ja bis 1895 über einhundert neurowissenschaftliche Arbeiten publiziert. Zu vermuten ist aber, daß Freud zwar die Erforschung der Psychologie des Traums vorgezogen hätte, aber dennoch einen Brückenschlag zur Neurophysiologie oder -biologie versucht hätte. Denn seinen im September 1895 binnen weniger Wochen verfaßten Entwurf einer wissenschaftlichen Psychologie, in dem er versucht hatte, sein reichhaltiges Wissen über Gehirnanatomie und -physiologie mit seinen psychologischen und psychopathologischen Erfahrungen in einem nicht reduktiven Modell zu verbinden, hatte er einige Wochen später wieder verworfen; er hatte von Fließ, seinem Berliner Freund, noch nicht einmal das Manuskript zurückverlangt! Zu spärlich erschienen ihm damals noch die Kenntnisse über die neurologischen Prozesse und Strukturen, die er mit den psychodynamischen Vorgängen hätte parallelisieren können.

In der Gegenwart bemühen sich immer mehr psychoanalytische Forscher um eine Verbindung dieser beiden Wissenschaftsperspektiven, so z. B. der Neurophysiologe und Psychoanalytiker Mark Solms aus London oder die Neurophysiologin Martha Koukkou aus Zürich. Die meisten neurophysiologischen Forscher hingegen können mit der psychologisch sinninterpretierenden Dimension von Träumen immer noch wenig anfangen; und diese Hilflosigkeit und Unkenntnis führen nicht selten dazu, daß sie diesen ganzen Bereich als hermeneutische Spekulation abtun.

Die Abwertung der psychologischen Dimension des Träumens seitens vieler Wissenschaftler führte andererseits dazu, daß psychoanalytische Kliniker sich für die Befunde der neurophysiologisch, biologisch oder kognitiv experimentell orientierten Traumforscher kaum noch interessierten, denn diese waren zumeist ohne jede Verknüpfung zu der für einen Kliniker interessanten psychologischen Bedeutungsebene. Daß die Psychologie nicht nur ein Epiphänomen der ontologisch zumeist als höherwertig eingestuften Biologie oder Physiologie ist, sondern eine eigenständige Wirklichkeitsebene darstellt, droht auch in der Gegenwart manchmal in Vergessenheit zu geraten. Die Folgen dieser Gewichtung lassen sich allenthalben studieren: Nicht das Wissen, welche Stammhirnzellen z. B. es nun genau sind, die mit der Aktivität des Träumens korrelieren, läßt Menschen sich den Sinn ihrer Träume vergegenwärtigen, sondern nur die Fähigkeit, diesen Sinn auf einer psychologischen Ebene entschlüsseln zu können. Aber weil die naturwissenschaftliche Kenntnis mehr Kompetenz und Prestige zu versprechen scheint, sind viele Menschen im Umgang mit sich selbst eher psychische Analphabeten geblieben, auch wenn sie mittlerweile viel über Anatomie und Funktion des Gehirns, über neuronale Netze u.ä. wissen. „Ganglienzellenphantastik" nannte Freud die ausschließlich auf naturwissenschaftliche Erkenntnisbereiche beschränkte Medizin bzw. medizinische Psychologie, und er konterte damit auf einen Vorwurf, der seine sinnverstehenden Intentionen als „Altweiberpsychiatrie" bezeichnet hatte.

Dabei bräuchte diese nicht nur zu Freuds Zeiten existierende, sondern bis in die Gegenwart andauernde Gegnerschaft zwischen sinnverstehender und neurophysiologischer oder kognitionswissenschaftlicher Forschung nicht länger aufrechterhalten zu werden. Jede dieser Perspektiven ist sinnvoll und nützlich, und sie können auf interdisziplinäre Weise miteinander koexistieren, solange man sich der Unterschiedlichkeit ihrer Vorgehensweisen, ihrer Methoden und Modelle bewußt ist. Zwar unterscheiden sie sich hinsichtlich des Grades ihrer Komplexität – sinnverstehende Forschung ist komplexer als die Aufzeichnung von Gehirnströmen oder das Auszählen von Inhaltskategorien –, aber der Grad der Komplexität ist mit keiner Wertung verbunden. Und den (wenigen) Nur-Hermeneutikern unter den Psychoanalytikern läßt sich als Trost mitgeben, daß Freud mit großer Wahrscheinlichkeit beim Stand des derzeitigen Wissens in der Neurophysiologie und -biologie eine interessante und zum Teil auch faszinierende interdisziplinäre Ergänzung der psychologischen Traumlehre erblickt hätte. Denn nur der unzureichende Kenntnisstand in der Neurophysiologie seiner Zeit hielt vermutlich den Neurologen Freud davon ab, seine psychologische Auffassung über den Traum mit naturwissenschaftlichen Modellvorstellungen interdisziplinär zu verbinden.

Flectere si nequeo superos, acheronta movebo
„Wenn ich die Himmlischen nicht beugen kann, werde ich die Unterwelt bewegen"
(Sigmund Freud in einem Brief an Wilhelm Fließ vom 17. 7. 1899)

Der Traum von Irmas Injektion: Der Initialtraum der Psychoanalyse

In einem Brief an seinen über viele Jahre innig geliebten Wilhelm Fließ sprach Freud im Juni 1900 die Phantasie aus, daß dereinst eine Marmortafel am Hause Bellevue mit der Inschrift angebracht würde, daß sich hier in der Nacht des 24. Juli 1895 dem Dr. Sigm. Freud das Geheimnis des Traums enthüllt habe. Aus der Phantasie künftiger Berühmtheit wurde 77 Jahre später Wirklichkeit, als tatsächlich am 6. Mai 1977 eine derartige Tafel montiert wurde.

Der Abend vor dem Irma-Traum

Die neuere Traumforschung betont die Bedeutung der Tagesereignisse und -erlebnisse, vor allem solcher, bei denen gefühlsmäßig wichtige Konflikte berührt werden, die aber tagsüber keine Lösung erfahren können. Was könnte in Freuds Vorstellungswelt am Abend des 23. Juli 1895 abgelaufen sein?

Im Sommer 1895 verbrachte Freud seinen Urlaub mit seiner schwangeren Frau und seinen fünf Kindern im Hotel Bellevue in einem Wiener Vorort. Wie immer hatte er sich Arbeit in die Ferien mitgenommen, ein halbfertiges Manuskript zum *Entwurf einer Psychologie*, eine Psychologie für den Neurologen, die ihn schon seit geraumer Zeit beschäftigte, nachdem die *Studien über Hysterie,* an denen er zusammen mit Breuer gearbeitet hatte, abgeschlossen waren. Während der Abfassung dieser Arbeit war ihm klar geworden, daß die Freundschaft mit Breuer, seinem langjährigen Mentor nun wohl endgültig zu Ende gehen würde – zu verschieden waren schließlich ihre beiden Auffassungen über die Rolle der Sexualität für die Entstehung neurotischer Erkrankungen, wie vor allem auch Breuers Kapitel „Theoretisches“ in den *Studien über Hysterie* gezeigt hatte. Außerdem verspürte Freud eine immer stärkere Sehnsucht nach Wilhelm Fließ, dem Berliner HNO-Arzt, dem „Nasenfließ“, wie er auch scherzhaft genannt wurde, weil er eine wichtige Entdeckung über den Zusammenhang zwischen den Genitalorganen und der Nase gemacht hatte. Fließ war nicht nur ungemein kreativ, sondern er konnte auch trefflich zuhören und zeigte sich für alle Ideen Freuds aufgeschlossen. Ihm würde er in den nächsten Tagen aus der Sommerfrische wieder einen Brief schreiben. Vielleicht heute abend. Aber da war auch noch etwas, was ihn ärgerte und was er zuvor erledigen wollte. Oskar Rie, der Kinderarzt der Familie, hatte nämlich am frühen Abend vorbeigeschaut und die Bemerkung fallenlassen, daß es Irma, bei der er vor kurzem einen Hausbesuch gemacht hatte, zwar insgesamt besser, aber noch nicht so gut gehen würde, wie man nach dem Stand der Therapie eigentlich erwarten könnte. „Sollte das eine indirekte Kritik an meiner Person oder gar an meiner neuen Behandlungsform, der Psychoanalyse, sein?“ fragte sich Freud, der sich einige Tage zuvor von seiner Patientin Irma verabschiedet und zunächst offengelassen hatte, ob eine Fortsetzung der Behandlung nach den Sommerferien noch sinnvoll sei. Neben der Wiener Ärzteschaft nun noch ein weiterer Kritiker? Freud beschloß, noch am gleichen Abend einen Bericht über Irmas Behandlung zu schreiben und diesen Breuer zuzusenden, denn Oskar Rie verstand ohnehin nichts von Psychoanalyse, aber in Breuer hatte er doch einen einigermaßen sachkundigen Kollegen. Außerdem würde sich Breuer in seiner Kritik an Freud gestärkt fühlen, wenn er von Irmas Unzufriedenheit erfahren würde. Deshalb wäre es vorteilhaft, Breuers Kritik von vornherein mit einer ausführlichen Krankengeschichte zu entkräften. Und irgendwann hätte er diese ja ohnehin geschrieben, um Stoff für eine weitere wissenschaftliche Arbeit zu haben – vielleicht für eine Abhandlung über den Traum? In Verbindung mit den aufregenden Entdeckungen, die die Methode der freien Assoziation bei seinen Patientinnen zutage gefördert hatte? Möglicherweise würde er damit den Durchbruch schaffen und endlich Berühmtheit für eine epochemachende Entdeckung erlangen? Eine psychoanalytische Theorie über den Traum und die Traumdeutung? Eventuell könnte er ja bereits im *Entwurf einer Psychologie* ein paar Gedanken in allernächster Zeit dazu formulieren?

Aber heute abend galt es erst einmal, Breuer zu beweisen, daß er an dem mangelnden Wohlbefinden von Irma nicht schuld war. Der von Oskar Rie mitgebrachte Ananaslikör, den er vorhin probiert hatte, verursachte ihm zwar leichte Kopfschmerzen, aber mit einer guten Zigarre würde er diese schon wieder vertreiben.

Martha hatte sich mit den Kindern bereits zur Ruhe begeben; viel blieb ihm ohnehin nicht mehr von ihr, und dies würde sich mit dem sechsten Kind auch nicht bessern. So war seine Arbeit auch eine Möglichkeit, mit der letztlich doch enttäuschenden Ehesituation produktiv umzugehen. Martha hatte ihre Kinder und ihre Schwangerschaft; und er ging mit Gedanken über die Psychoanalyse schwanger. Aufregende Entdeckungen hatte er in den zurückliegenden Monaten gemacht: Daß Patienten offensichtlich mit einer falschen Verknüpfung auf seine Person reagierten, wenn sie auf ihn ein Begehren richteten, dabei aber eigentlich ihren Vater meinten. Ob Therapeuten auf ähnliche Weise auf ihre Patienten mit einer falschen Verknüpfung reagieren und sie damit beeinflussen? Aber nein – viel wichtiger waren die von außen erfolgten traumatischen Einflüsse und deren Konsequenzen. Oder nur die Phantasien von Patienten? An der Traumatheorie begann er zwar in letzter Zeit immer stärker zu zweifeln, aber noch hatte er keine neue Theorie, die er an ihre Stelle setzen könnte.

Vieles ging ihm an diesem Abend durch den Kopf: Wie es wohl Emma Eckstein ginge, bei der Fließ anläßlich einer Nasenoperation einen halben Meter Gaze zu entfernen vergessen hatte und die bei einer Nachoperation fast verblutet wäre? Aber kann dies nicht jedem Genie einmal passieren? Er hatte zu Fließ absolutes Vertrauen, dachte in letzter Zeit auch öfters daran, sich von ihm selbst wegen seiner ständigen Nasenschwellungen und -eiterungen erneut operieren zu lassen, die vielleicht ja auch für seine rheumatischen Beschwerden und seine Herzschmerzen verantwortlich waren. Aber auch Fließ' Frau war zur Zeit schwanger, und der teure und allerliebste Wilhelm deshalb zeitlich unabkömmlich. Freud spürte in diesem Moment, wie ihn dies auch enttäuschte, fast wie der unwiderbringliche Verlust einer geliebten Person. München fiel ihm ein, jene Stadt, in der er Fließ vor zwei Jahren während dessen Krankheit besucht hatte; auch jetzt würde er am liebsten sofort zu Fließ nach Berlin fahren wollen. Aber wieder einmal war Sublimieren angezeigt: Wenn auch beide zur Zeit durch ihre schwangeren Frauen beeinträchtigt waren, so sollte sie dies nicht daran hindern, selbst kreativ zu werden: Sie würden der Welt zeigen, zu welchen schöpferischen Leistungen sie fähig sind, und sich dabei gegenseitig befruchten. Und die Anerkennung seitens Wilhelm tat ihm ungemein gut und beflügelte ihn, in einem zuvor noch nie gekannten Ausmaß wissenschaftlich innovativ sein zu wollen. Nicht die geringste Kritik würde er deshalb auch auf Wilhelm kommen lassen!

Und wie würde es wohl Irma gehen, wenn sie seine Deutungen nur akzeptiert hätte? Aber hysterische Frauen sträuben sich ja immer gegen die wohlmeinenden Ratschläge ihrer Männer. „Penis normalis, dosis repetatur!" – keine neue Erkenntnis, aber wie wahr, was einer seiner früheren Lehrer über Hysterikerinnen gesagt hatte. Und seine Frau Martha: jetzt ging sie mit dem sechsten Kind schwanger und beklagte sich, wie anstrengend Schwangerschaften und Geburten ihrer Kinder bislang schon gewesen seien. Aber hätte sie nur auf ihn gehört und seinem Verlangen nach Fellatio entsprochen, dann wäre nicht das Unglück einer erneuten Schwangerschaft passiert, und sie könnten ihren Geburtstag, zu dem übrigens auch Irma eingeladen ist, in ein paar Tagen viel sorgloser feiern. Wäre es nicht ein Glück für alle Beteiligten, wenn Martha eine Fehlgeburt haben würde? Würde sie sich dann nicht auch ihm wieder ein bißchen mehr zuwenden – ihm, der ohnehin in den letzten Jahren wenig liebevolle Aufmerksamkeit von ihr bekommen hatte und zu eifersüchtigen Gefühlen sich mehr als berechtigt fühlen durfte? Sicherlich, wenn er seine Patientinnen früher massierte, hatte er dabei auch viele erotische Gefühle verspürt. Aber schließlich hatte er schon seit geraumer Zeit darauf verzichtet; zu quacksalberhaft und unseriös erschienen ihm die Erbsche Elektrotherapie und die Ganzkörpermassagen. Außerdem stellte Irma, eine junge hübsche Witwe von 21 Jahren, eine Bekannte der Familie, ohnehin eine nicht ganz ungefährliche Vermengung von Persönlichem und Beruflichem dar.

Auch die Breuersche Katharsis hatte er seit geraumer Zeit schon aufgegeben, obwohl sie im Fall von Anna O. doch zu solch wichtigen Erkenntnissen geführt hatte. Und daß er nun Breuer hinter sich gelassen hatte, brauchte ihm kein Schuldgefühl zu machen, denn dieser war vor der Sexualität seiner Patientin geflohen. Freud aber hielt stand, und Fließ unterstützte ihn darin, anders als Breuer. Außerdem spürte er einen brennenden Ehrgeiz, ein therapeutisches Verfahren zu entdekken, das noch niemand vor ihm praktiziert hatte. Mit der freien Asssoziation glaubte er endlich den Schlüssel zum Unbewußten gefunden zu haben und zu den Müttern hinabsteigen zu können. Vielleicht würden sich dann auch sein depressiver Zustand und seine Herzprobleme lindern, er bräuchte dann auch kein Kokain mehr zu nehmen. Der Tod seines Freundes Ernst Fleischl durch übermäßige Kokain-Injektionen fiel ihm für Augenblicke noch einmal ein und daß er neulich einer 90 Jahre alten Patientin versehentlich Morphium in die Augen geträufelt hatte und gerade noch im letzten Moment den Fehler bemerkte, ihr die Augentropfen, in der Annahme, es sei Morphium, spritzen zu wollen. Gott sei Dank, denn der Tod seiner Patientin Mathilde, durch Intoxikation von Sulfonal herbeigeführt, machte ihm manchmal noch deutlich zu schaffen. Der Name Mathilde erinnerte ihn an seine älteste Tochter Mathilde, die vor zwei Jahren an einer schweren Diphterie erkrankt war. Bald würden es nun sechs Kinder sein, trotz all der Belastungen waren sie sein Stolz und sein Reichtum.

Spät in der Nacht ging Freud schlafen und gegen morgen, am 24. Juli 1895, hatte er einen Traum, den er beim Aufwachen lebhaft erinnerte. Dieser Traum, der Traum von Irmas

Injektion, ist in die Geschichte der Psychoanalyse als der Initial- oder Mustertraum eingegangen und hat in der *Traumdeutung* eine ausführliche Abhandlung erfahren. Mit seiner Hilfe versuchte Freud auch zu belegen, daß Träume den Versuch einer Wunscherfüllung darstellen.

Der Traum von Irmas Injektion

Eine große Halle – viele Gäste, die wir empfangen, – unter ihnen Irma, *die ich sofort beiseite nehme, um gleichsam ihren Brief zu beantworten, ihr Vorwürfe zu machen, daß sie die „Lösung" noch nicht akzeptiert. Ich sage ihr, wenn du noch Schmerzen hast, so ist es wirklich nur deine Schuld. Sie antwortet: Wenn du wüßtest, was ich für Schmerzen jetzt habe im Hals, Magen und Leib, es schnürt mich zusammen. – Ich erschrecke und sehe sie an. Sie sieht bleich und gedunsen aus; ich denke, am Ende übersehe ich da doch etwas Organisches. Ich nehme sie zum Fenster und schaue ihr in den Hals. Dabei zeigt sie etwas Sträuben wie die Frauen, die ein künstliches Gebiß tragen. Ich denke mir, sie hat es doch nicht nötig. – Der Mund geht dann auch gut auf, und ich finde rechts einen großen Fleck, und anderwärts sehe ich an merkwürdigen krausen Gebilden, die offenbar den Nasenmuscheln nachgebildet sind, ausgedehnte weißgraue Schorfe. – Ich rufe schnell* Dr. M. *hinzu, der die Untersuchung wiederholt und bestätigt* ... Dr. M. *sieht ganz anders aus als sonst; er ist sehr bleich, hinkt, ist am Kinn bartlos ... Mein Freund* Otto *steht jetzt auch neben ihr, und Freund* Leopold *perkutiert sie über dem Leibchen und sagt: Sie hat eine Dämpfung links unten, weist auch auf eine infiltrierte Hautpartie an der linken Schulter hin (was ich trotz des Kleides wie er spüre)... M. sagt: Kein Zweifel, es ist eine Infektion, aber es macht nichts; es wird noch Dysenterie hinzukommen und das Gift sich ausscheiden ... Wir wissen auch unmittelbar, woher die Infektion rührt. Freund* Otto *hat ihr unlängst, als sie sich unwohl fühlte, eine Injektion gegeben mit einem Propylpräparat, Propylen ... Propionsäure ...* Trimethylamin *(dessen Formel ich fettge-*

druckt vor mir sehe) ... Man macht solche Injektionen nicht so leichtfertig ... Wahrscheinlich war auch die Spritze nicht rein.

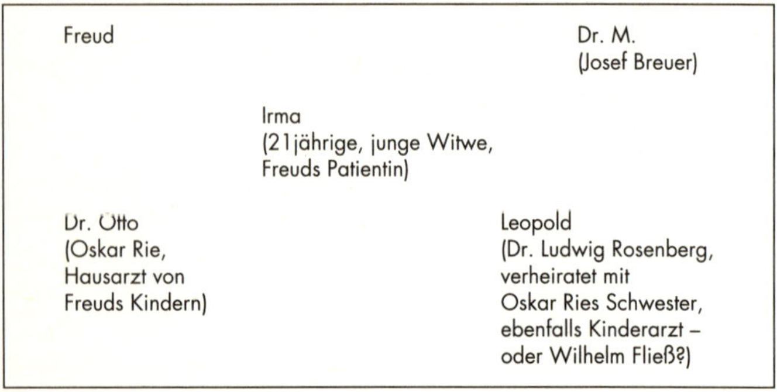

Abb. 1: Die Personen im Irma-Traum

Wenn die Abende sinken
Und wir schlafen ein,
Gehen die Träume, die schönen,
Mit leichten Füßen herein.
(Georg Heym , 1887–1912)

Der Traum: Versuch einer Wunscherfüllung

Der Traum als der Hüter des Schlafes gaukelt dem Träumenden vor, daß seine Wünsche erfüllt werden können, wodurch eine Möglichkeit der Abfuhr von Triebspannungen bereitgestellt wird. Freuds spätere Präzisierung, daß *jeder* Traum *den Versuch* einer Wunscherfüllung darstellt und folglich auch scheitern kann, aber daß selbst auf den ersten Blick dazu völlig konträr erscheinende Trauminhalte, wie z.B. beschämende Prüfungs- oder Strafträume, keine Ausnahme von diesem Gesetz zulassen, erscheint nur dann verständlich, wenn man den folgenden Sachverhalt berücksichtigt. Wie der amerikanische Wissenschaftshistoriker Frank Sulloway herausgearbeitet hat, wollte sich Freud von den sieben Autoren, die den Wunschcharakter der Träume bereits vor ihm hervorgehoben hatten, unbedingt unterscheiden. Dies gelang ihm durch die Hypothese, daß *jeder* Traum als Wunscherfüllung, bzw. als Versuch derselben zu gelten habe.

„Wenn ich nun die Behauptung aufstelle, daß Wunscherfüllung der Sinn eines jeden Traumes sei, also daß es keine anderen als Wunschträume geben kann, so bin ich des entschiedensten Widerspruches im vorhinein sicher. Man wird mir entgegenhalten: ‚Daß es Träume gibt, welche als Wunscherfüllungen zu verstehen sind, ist nicht neu, sondern längst von den Autoren bemerkt worden ... Daß es aber nichts anderes geben soll als Wunscherfüllungsträume, das ist wieder eine ungerechtfertigte Verallgemeinerung, die sich zum Glück leicht zurückweisen läßt. Es kommen doch reichlich genug Träume vor, welche den peinlichsten Inhalt erkennen lassen, aber keine Spur irgendeiner Wunscherfüllung'" (Freud 1900a, S. 139).

Aber man kann dieses scheinbar zwingende Argument entkräften, wenn man – so Freud – die These von der Ubiquität der Wunscherfüllung nicht auf den *manifesten* Traum, sondern auf den *latenten* Trauminhalt bezieht. Diese für das Freudsche Verständnis des Traums ungemein wichtige Unterscheidung erfordert, der Traumentstellung und -zensur eine größere Aufmerksamkeit zu widmen. Freud schreibt dem Träumenden die Fähigkeit zu, seine latenten, aber selbst noch während des Träumens als anstößig und verboten erlebten Traumwünsche derart zu maskieren, daß davon im manifesten Traum so gut wie nichts übrigbleibt, ja daß im Gegenteil manchmal Peinlichkeit und Angst die vorherrschenden Gefühlstöne sind, die dann beim Aufwachen auch noch deutlich erinnert werden können. Woher aber stammen die Wünsche, die derart zensiert und entstellt werden müssen? Sind es solche, die den Träumer am Vortag beschäftigt haben, oder solche, die während des Schlafens geweckt werden?

Freud unterschied die folgenden vier prinzipiellen Möglichkeiten der Entstehung eines Wunsches, die zur Traumgenerierung führen können:

1. Ein bei Tage anerkannter Wunsch, der keine Befriedigung finden konnte,
2. ein bei Tage verworfener, verdrängter und somit unerledigter Wunsch,
3. aktuelle im Schlaf sich regende Bedürfnisse (Durst, sexuelles Verlangen u. a.),
4. unbewußte, verdrängte Triebregungen.

Allerdings besitzen diese potentiellen Traumerreger unterschiedliche Wirkungskraft für die Erzeugung eines Traums: Solange die Wünsche lediglich bewußt und vorbewußt sind, wie die unter 1. und 2. erwähnten, erzeugen sie noch keine nächtlichen Träume. Sie müssen sich vielmehr mit unbewußten Triebtendenzen verbinden, um zur Traumbildung beisteuern zu können. Ohne diese „immer regen, sozusagen unsterblichen Wünsche" (Freud 1900a, S. 559) gibt es keine Traumbildung.

Freud stellte sich vor, daß der bewußte Wunsch nur dann zum Traumerreger werden kann, wenn es ihm gelingt, einen ähnlichen Wunsch im Unbewußten zu wecken, durch den der bewußte Wunsch eine Verstärkung erfährt. Diese unbewußten Wünsche warten gleichsam auf die günstigste Gelegenheit, sich Ausdruck zu verschaffen, und übertragen dann ihre große Intensität, die ihnen als imperativer Wunsch aus der Kindheit zu eigen ist, auf die schwächere bewußte Regung. Dem Bewußtsein erscheint es dann so, als hätte sich allein der bewußte Wunsch realisiert. Aber unmißverständlich hält Freud daran fest: Der Wunsch, welcher sich im Traum darstellt, muß ein infantiler sein" (a.a.O. , S. 559).

Warum aber ist der in infantiler Zeit geprägte Wunsch der „Motor der Traumbildung"? Warum ist dies nicht ein Tagesrest, der die Lösung eines dringlichen Problems verlangt? Warum muß immer erst eine unbewußte Triebtendenz den Ausschlag dafür geben, daß es zur Traumbildung kommt?

In den *Vorlesungen zur Einführung in die Psychoanalyse* läßt Freud einen skeptischen Leser fragen:

„Zugegeben, daß der Traum jedesmal einen Sinn hat, und daß dieser Sinn durch die analytische Technik aufgedeckt werden kann, warum muß dieser Sinn aller Evidenz zum Trotze immer wieder in die Formel der Wunscherfüllung gepreßt werden? Warum soll der Sinn dieses nächtlichen Denkens nicht so mannigfaltig sein können wie der des Denkens bei Tage, also der Traum das eine Mal einem erfüllten Wunsch entsprechen, das andere Mal, wie Sie selbst sagen, dem Gegenteil davon, einer verwirklichten Befürchtung, dann aber auch einen Vorsatz ausdrücken können, eine Warnung, eine Überlegung mit ihrem Für und Wider, oder einen Vorwurf, eine Gewissensmahnung, einen Versuch, sich für eine bevorstehende Leistung vorzubereiten usw.? Warum gerade immer nur einen Wunsch oder höchstens noch sein Gegenteil?" (Freud 1916–17a, S. 227).

Zwar sei es richtig, daß der Traum all die obigen Intentionen zum Ausdruck bringen könne, aber man dürfe eben nicht den Tagesrest mit dem latenten Traumgedanken verwechseln. Denn Freud vertrat unmißverständlich die Überzeugung, daß immer dann ein Traum gebildet wird, wenn ein verdrängter Triebimpuls aus dem Unbewußten hervorzubrechen droht. Ein Traum kann somit auch nur dann entstehen, wenn die *Triebenergie* eines unbewußten Wunsches zur Verfügung steht. Letztlich sind dies aber die unsterblichen Kinderwünsche, die vom Kind in unterschiedlichem Ausmaß wegen unerträglicher Angstgefühle aufgegeben werden mußten, aber damit keineswegs für immer verschwunden sind. Vielmehr streben sie bei jeder Gelegenheit dazu, sich zur Geltung zu bringen. Und weil im Traum die Gewähr dafür gegeben ist, daß es zu keiner motorischen Abfuhrhandlung kommen kann, da der Trauminhalt nur auf einer halluzinatorischen Ebene verbleibt, ist die Abwehr gegen die Kinderwünsche gelockert. Welcher verdrängte Kinderwunsch überhaupt das Traumbewußtsein erreichen darf, ist nicht beliebig, sondern hängt davon ab, ob am Tag zuvor eine Anspielung auf diesen Wunsch im Wachbewußtsein stattgefunden hat. Um überhaupt im Traumbewußtsein auftauchen zu können, benötigt der unbewußte Triebimpuls somit andere Bestandteile psychischer Aktivität als Transportmittel. Er hängt sich gleichsam an entsprechende Tagesreste, z.B. in Form von erlebten Problemen, Befürchtungen, Vorsätzen usw. an, um Zugang zum Traumbewußtsein zu finden. Träumen ermöglicht deshalb eine partielle Befriedigung der unterdrückten Wünsche. Es lindert somit den neurotischen Druck der betreffenden Person, mit Symptomen und charakterlichen neurotischen Einstellungen tagsüber reagieren zu müssen, in denen kompromißhaft unterdrückte und verdrängte Impulse zum Ausdruck kommen. Doch auch durch das Träumen allein erfahren diese keine Klärung und verschwinden nicht zur Gänze. Dennoch zeigen sie dem Träumer an, wenn er den Inhalt seines Traums zu deuten versteht, mit welchen Konflikten er sich auseinandersetzen muß. Viele Menschen wären um einiges unglücklicher, wenn ihnen diese Möglichkeit, die der Traum ihnen bereitstellt, nicht zur Verfügung stünde.

Tab. 3: Unsterbliche Kinderwünsche – eine nicht vollständige Aufzählung

Unsterbliche Kinderwünsche
Ich möchte spielen, vergnüglich sein und mich freuen können.
Ich möchte meine Eltern erfreuen, sie fröhlich und glücklich sehen.
Ich möchte Harmonie und Ausgeglichenheit erleben.
Ich möchte mich verweigern dürfen, nicht hergeben müssen, sondern zurückhalten dürfen.
Ich möchte Geschwistern nichts abgeben müssen, sondern alles für mich allein bekommen.
Ich möchte von meinen Eltern anerkannt werden, wie ich bin.
Ich möchte, daß meine Eltern niemals fortgehen und immer bei mir bleiben und mit mir spielen.
Ich möchte jederzeit zu Mutter und Vater hingehen können und getröstet werden, wenn ich traurig bin oder es mir schlechtgeht.
Ich möchte ganz viel kuscheln und gestreichelt werden.
Ich möchte immer fragen dürfen, wenn ich etwas nicht weiß.
Ich möchte, daß meine Eltern immer für mich Zeit haben, wenn ich sie brauche.
Ich möchte stolz sein auf meine Mutter, wie sie aussieht, wie selbstsicher sie sich gibt, wie sie von anderen Menschen gemocht wird.
Ich möchte das Kraftgefühl erleben, mit meinem Vater zu raufen und für Augenblicke das Gefühl empfinden, daß ich stärker bin als er.

Ich möchte meinen Vater idealisieren können, stolz darauf sein, wie er aussieht, wie männlich und kräftig sein Körper ist, wie sicher und durchsetzungsfähig er sich gegenüber anderen Menschen verhält.

Ich möchte mich gegenüber einem größeren Geschwister durchsetzen können, ihm auch einmal anschaffen und befehlen können.

Ich möchte meine Neugier befriedigen können und wissen, was meine Eltern abends in ihrem Bett machen.

Ich möchte die Geschlechtsteile anderer Kinder anschauen und berühren.

Ich möchte meinen Eltern, meinen Geschwistern, meinen Spielkameraden zeigen, wie toll mein nackter Körper aussieht.

Ich möchte so stark sein, daß ich alle, die sich mir in den Weg stellen oder mich ärgern, besiegen kann.

Ich möchte mir jederzeit ganz viel Lust selbst verschaffen dürfen.

Ich möchte die Schönste/der Schönste von allen sein.

Ich möchte weggehen können, ohne daß meine Eltern traurig sind, und wiederkommen dürfen, wann es mir Spaß macht.

Ich möchte sagen dürfen, wenn mich etwas ärgert.

Ich möchte meine Wut äußern dürfen, meine Enttäuschung und meine Traurigkeit.

Ich möchte mich nie mehr schuldig fühlen müssen wegen Missetaten oder böser Gedanken.

Ich möchte genau die gleichen Privilegien haben wie ein Junge/ein Mädchen.

Ich möchte vertrauen und lieben dürfen.

Ich möchte, daß sich meine Eltern über meine Geschenke freuen und diese annehmen können.

Ich möchte so überlegen sein, daß ich alle Feinde besiegen kann.

Ich möchte mich in ein Mädchen/einen Jungen verlieben und Doktorspiele mit ihr/ihm machen.

Ich möchte, daß ich manchmal meinen Vater/meine Mutter ganz für mich alleine habe, mit ihm/ihr schmusen kann. Dann wünsche ich mir meine Mutter/meinen Vater weit, weit weg.

Ich möchte mich manchmal meiner Mutter/meinem Vater überlegen fühlen können, mich weiblicher/männlicher erleben dürfen, ohne Angst vor ihrer/seiner Vergeltung haben zu müssen.

Vor allem auf die Freudsche Hypothese, daß im Träumen unterdrückte Kindheitswünsche versteckt zum Ausdruck kommen, reagieren viele Menschen bis zum heutigen Tag wie der Teufel auf das Weihwasser. Die Vorwürfe und Einwände gegen diese These lauteten Triebreduktionismus, Sexualisierung, Vergangenheitsorientierung, Determinismus u.a.m. Nur zum Teil lassen sich diese verurteilenden Einschätzungen damit erklären, daß Freuds Theorie einseitig und falsch rezipiert wurde, so als seien alle Kinderwünsche ausschließlich sexueller Natur. Zu vermuten ist vielmehr, daß das Erinnertwerden an unsterbliche Kinderwünsche auch traurig macht, wenn der Abstand zum heutigen Erwachsenenleben wahrgenommen wird, und deshalb die Erinnerung an kindliche Wünsche abgewehrt werden muß. Es entspricht auch nicht dem immer noch weit verbreiteten cartesianischen Ideal eines ausschließlich vernunftbegabten Erwachsenen, der sich von kindlichen Sehnsüchten, triebhaftem Begehren und infantiler Ausgeliefertheit an körperliche Bedürfnisse und Emotionen befreit hat – eine Auffassung, die Ursprung aller Doppelmoral und Heuchelei bis zum heutigen Tag ist.

Nicht wenige Träume erwecken auf den ersten Blick den Eindruck, als ginge es in ihnen nur um die Lösung von relativ rationalen Problemen – obwohl genau betrachtet, diese auch immer einen Wunsch implizieren (z.B. seinen Leistungsanspruch zu befriedigen, erfolgreich zu sein, in der Karriere weiterzukommen usf.). Erst nach und nach enthüllt sich der tieferliegende Wunsch, wie folgendes Beispiel verdeutlicht:

Eine Patientin, die in wenigen Tagen vor einer für sie sehr bedeutsamen Prüfung steht, träumt, daß sie viel zu spät zur schriftlichen Prüfung kommt. Während alle anderen schon nahezu mit der Klausur fertig sind, fängt sie nun erst an, wird aber ständig abgelenkt. Dabei steht sie innerlich unter einem großen Druck, die Aufgabe zu bewältigen, hat im Traum aber auch das Gefühl, sich doch noch Zeit lassen zu können. Irgendwie trödelt sie und läßt die Zeit, die noch zur Verfügung steht, verstreichen.

In ihren Einfällen kommt zur Sprache, daß diese Prüfung für sie tatsächlich sehr wichtig ist, daß sie gut vorbereitet ist, daß sie aber auch Angst hat, die Prüfung nicht gut zu bestehen.

Ist dieser Traum nun möglicherweise ein Hinweis darauf, sich vorher die Zeit gut einzuteilen, nicht zu spät aufzustehen, den Prüfungsstoff in großen Linien am Abend zuvor noch einmal zu rekapitulieren?

Aus Freudscher Sicht reicht dieses Tagesproblem jedoch nicht aus, um diesen Traum zu erzeugen. Es muß vielmehr Anschluß an konflikthafte Strebungen aus der Vergangenheit gefunden haben. Da aber der ursprüngliche Wunsch nicht bewußt werden darf, kann im manifesten Traum nicht die volle Wahrheit zum Ausdruck kommen.

Diese könnte im vorliegenden Traum z. B. lauten: Aufgrund der Identifizierungsliebe zu ihrem Vater war in der Kindheit dieser Patientin der glühende Wunsch entstanden, es dem Vater gleichzutun, und wie er, sich intellektuellen Dingen zuzuwenden, anders als die Mutter, die mehr für die praktischen Dinge in der Familie zuständig war. Als Adoleszente rivalisierte die Tochter sehr stark mit ihrer Mutter, die ihr im Gegenzug die Kompetenz in praktischen Dingen nahezu absprach. Dies wiederum beantwortete die Tochter damit, daß sie vom Kochen, den Haushalt führen und Kinder bekommen so gut wie überhaupt nichts hielt. Es dem Vater gleichzutun, sich auf seine Welt einzulassen, bedeutete also auch, mit der Mutter zu rivalisieren, von ihr keine Anerkennung zu bekommen und ihre Zuwendung zu verlieren. Das Problem, das auf einer tieferen Ebene für diese Frau zur Lösung anstand, war die Frage, wie sich ihre Vorliebe für eine berufliche Karriere mit einer nicht rivalisierenden Beziehung zu ihrer Mutter verbinden ließ.

Im Traum scheinen sich ihr Wunsch nach Identifizierungsliebe zum Vater und Liebe zur Mutter die Waage zu halten. Zwar begibt sie sich zur Prüfung, aber sie versäumt es, rechtzeitig zu kommen und läßt dann die Zeit verstreichen. Die Angst, die Liebe zur Mutter zu verlieren, und der Wunsch, diese Angst gar nicht aufkommen zu lassen, ist offensichtlich stärker als der Wunsch, in die väterliche Welt eintreten zu wollen.

Diese Wünsche – auf der einen Seite nach Autonomie, Selbstbehauptung, intellektueller Neugierde, auf der anderen Seite nach Bindung und Beibehaltung von Sicherheit – sind im Freudschen Verständnis der Motor der Traumerzeugung, der „Kapitalist", wie Freud sich auch ausdrückte, während das Tagesproblem der „Unternehmer" ist.

„Warum schläft das Seelenleben nicht ein?" fragt Freud in den *Vorlesungen zur Einführung in die Psychoanalyse* und glaubt folgende Lösung gefunden zu haben: „Wahrscheinlich, weil etwas der Seele keine Ruhe läßt. Es wirken Reize auf sie ein, und sie muß darauf reagieren. Der Traum ist also die Art, wie die Seele auf die im Schlafzustand einwirkenden Reize reagiert" (Freud 1916–17a, S. 86).

Das, was keine Ruhe gibt, sind Freud zufolge die unsterblichen Kinderwünsche, die zwar in der Kindheit abgewehrt werden mußten, sich aber im späteren Leben wieder zu Wort melden. Wir werden in den folgenden Kapiteln sehen, daß die unerledigten und unbefriedigten Kinderwünsche zwar für die Psychologie des Traums nach wie vor eine bedeutsame Rolle spielen, daß aber das selbst im Schlaf noch unermüdliche Wirken unserer geistigen Tätigkeit nicht auf die Funktion der Stillung von Kindheitsbedürfnissen zurückgeführt werden kann. Wenn ausschließlich für diese Aufgabe einige Stunden des nächtlichen Traumbewußtseins reserviert sein würden, wäre dies ganz gewiß ein zu großer Luxus der Natur.

Die Deutung von Träumen (vgl. Kap. 7) besteht heutzutage deshalb auch nicht mehr allein in der Aufspürung verdrängter Kinderwünsche; vielmehr – und dies stellt eine entscheidende Korrektur und Präzisierung gegenüber Freud dar – geht es darum, konfliktträchtige Probleme ausfindig zu machen, die den Betreffenden in der Gegenwart beschäftigen und hinter denen sich verdrängte Wünsche und Traumatisierungen seines Selbst sowie Kompensationen dieser Einschränkungen und Verletzungen verbergen. Der Tagesrest, der den Anlaß zum Traum gibt, ist damit auch nicht ein relativ beliebiger, sondern er enthält in der Regel entweder zur Gänze, in Andeutungen oder auch nur per Verschiebung auf ein harmloses Tagesereignis einen für den Träumenden bedeutsamen Konflikt.

Dieser könnte im Fall des Freudschen Irma-Traums z.B. gelautet haben: „Für Bruchteile von Sekunden wünsche ich mir, daß Martha eine Fehlgeburt haben soll. Dann bliebe mir wenigstens ein wenig mehr ihrer Fürsorge erhalten, die bei fünf Kindern ohnehin nur noch sehr mager ausfällt. Zudem hätte ich dann eine Sorge weniger, nämlich die, noch ein weiteres Kind mit meinem Beruf ernähren zu müssen."

Welches sind die verdrängten Kindheitswünsche und die ungelösten Konflikte, die zu diesem Wunsch, der aber als sehr konflikthaft erfahren und deshalb auch rasch wieder beiseite geschoben wird, eine Beziehung aufweisen? „Julius, das verhaßte Geschwister, das mir die ohnehin nicht sehr üppig ausfallende Liebe meiner Mutter noch weiter wegnimmt, soll wieder verschwinden." Und wie könnte die kindliche Konfliktlösung aussehen, die in Freuds Fall zum – allerdings zweifelhaften – Erfolg geführt hat? „Meine Todeswünsche gegenüber Julius haben mir tatsächlich die Mutterliebe wiedergebracht, freilich nur für kurze Zeit und um den Preis heftiger Schuldgefühle, die mich mein ganzes Leben begleitet haben." Aber betrachten wir noch einmal etwas genauer die mögliche(n) Wunscherfüllung(en) im Freudschen Irma-Traum.

> *Ich will nicht behaupten, daß ich den Sinn dieses Traumes vollständig aufgedeckt habe, ... aber Rücksichten, wie sie bei jedem eigenen Traum in Betracht kommen, halten mich von der Deutungsarbeit ab. Wer mit dem Tadel für solche Reserve rasch bei der Hand ist, der möge nur selbst versuchen, aufrichtiger zu sein als ich.*
>
> (Sigmund Freud 1900a , S. 126).

Freuds Wunscherfüllung im Irma-Traum

Die von Freud selbst ausfindig gemachte Wunscherfüllung im Irma-Traum klingt in den Ohren all jener, die vom Schöpfer der Psychoanalyse, eine tiefschürfende Analyse seiner eigenen

Kindheitswünsche erwartet haben, eher enttäuschend einfach. Freud kam nämlich zu dem schlichten Ergebnis, daß er im Traum von Schuld freigesprochen werden möchte. Reichert man sein Begehren mit den Interpretationen späterer Autoren an, so zeigt sich, daß der Wunsch, keine Schuld wegen Irmas Befindlichkeit zu haben, auch andere, in Freuds Biographie sogar bis in seine frühe Kindheit zurückreichende Erlebnisdimensionen haben könnte.

Freud selbst hatte angedeutet, daß eine begreifliche Scheu bestehe, noch intimere Details aus seinem Seelenleben preiszugeben. Verschiedene Autoren haben immer wieder teils verständnisvoll, teils mit erhobenem Zeigefinger, teils mit erheblicher Kritik darauf hingewiesen, daß Freud mit diesem grundlegenden Traum nun keineswegs tiefere Schichten der Interpretation, noch dazu solche, die aus kindlichen, psychosexuellen oder aggressiven Bedeutungszusammenhängen stammen, angesprochen habe. Er habe damit auch Chancen verschenkt, Anhänger wie Kritiker für seine Traumdeutung einzunehmen. Seine mit viel Aufwand zutage geförderten Einfälle konvergierten schließlich nur in dem relativ harmlos erscheinenden Wunsch, an Irmas wenig gebessertem Befinden nicht schuld zu sein.

Die Interpreten schienen aber offensichtlich auch davon beeindruckt zu sein, daß von dem Irma-Traum für Freud selbst eine eigentümliche Faszination ausgegangen ist, so als habe er durchaus die tieferen Bedeutungen geahnt oder sogar gewußt, die dann von der eifrigen Nachwelt Schicht um Schicht freigelegt worden sind. Dabei darf nicht vergessen werden, daß Freud zum Zeitpunkt des Irma-Traums noch nicht über die Konzepte des unbewußten Konflikts, der psychischen Realität und der Bedeutung der Kindheit für die Entstehung unbewußter Phantasien verfügte. Fünf Jahre lang teilte er diesen Traum niemandem, auch nicht seinem Freud und „Supervisor" Fließ mit. Fünf Jahre lang bildete dieser Traum einen wichtigen Teil seiner Selbstanalyse.

Tab. 4: Einige Autoren zum Freudschen Irma-Traum

Interpretationen zum Freudschen Irma-Traum	
1954	Mit Hilfe der stärkeren Beachtung des manifesten Traums kam Erik Erikson zu einer umfassenderen Interpretation des Irma-Traums.
1959	Didier Anzieu berichtete detailliert über die biographischen Hintergründe Freuds zum Zeitpunkt des Irma-Traums und interpretierte den Traum im Kontext des Entstehungsprozesses der Psychoanalyse als Empfängniswunsch.
1966	Max Schur identifizierte weitere Tagesreste in Freuds Traum. Schur wurde von seinen Lesern dahingehend verstanden, als sei die von Freud „Irma" genannte Frau die einige Monate zuvor von Wilhelm Fließ behandelte Emma Eckstein gewesen, die nach dieser Operation wegen eines Fehlers von Fließ beinahe gestorben wäre. Hauptwunsch sei nicht, sich selbst zu entschuldigen, sondern Fließ, um die positive Beziehung nicht zu gefährden.
1975	Johannes Grunert brachte die sexuellen Komponenten des Traums mit den verwickelten Verwandschaftsbeziehungen in Freuds Herkunftsfamilie in Verbindung.
1978	Ramon Greenberg und Chester Pearlman arbeiteten in Anschluß an Schur heraus, daß der Irma-Traum in ziemlicher Deutlichkeit Episoden der mißglückten Operation von Emma Eckstein enthält. Der Traum läßt sich als die Bemühung verstehen, die hoch idealisierte Beziehung zu Fließ nicht in Frage zu stellen.
1980	Alan Elms zeigte die Bedeutung der sexuellen und erotischen Beziehung zwischen Freud und seiner Frau Martha auf; die Tatsache der sechsten Schwangerschaft; die Beendigung der sexuellen Beziehung; die Geburt einer neuen Rivalin (Anna); die homoerotische Beziehung zu Fließ.
1983	Frank Hartmann ging erneut auf die Eckstein-Episode ein.
1984	Robert Langs zeigte auf, wie wenig nach heutigen Maßstäben der Rahmen und das Setting bei der Therapie von Irma definiert waren: Irma war eine Bekannte der Familie; Freud hatte nicht nur vor der Behandlung schon zu Irma Kontakt gehabt, sondern er hatte auch während der Behandlung außertherapeutischen Kontakt zu Irma, wie z.B. bei Marthas Geburtstag.
1984	Der Philosoph Adolf Grünbaum monierte das Fehlen eines infantilen Wunsches in Freuds Analyse des Traums und negierte die epistemische Rolle der freien Assoziation für die Möglichkeit, infantile Wünsche als Traumursachen identifizieren zu können.

1986	Timothy Anderson wies auf die Ähnlichkeit des aktuellen Verlustes (unterbrochene Kommunikation mit Fließ) mit frühen Verlusterlebnissen im Lebens Freuds hin (Mutter, Kinderfrau).
1987	Kurt Eissler widerlegte Spekulationen, die von Freud „Irma" genannte Frau sei Emma Eckstein gewesen.
1987	Helmut Thomä kritisierte Eisslers Rechtfertigungsversuch.
1990	Franz Strunz zeigte die Themenvielfalt im Irma-Traum auf.
1991	Barbara Mautner stellte die Hypothese auf, daß in den Irma-Traum ein Vorfall aus Freuds Kindheit eingegangen ist, eine erotisch aggressive Handlung, die er als Fünfjähriger an seiner dreijährigen Schwester Anna ausgeführt hatte.
1995	Harry Fiss wies daraufhin, daß Freuds Konzept des Tagesrestes relativ vage geblieben ist. So wäre es durchaus möglich, daß die Operation von Emma – auch wenn sie Monate vor dem Irma-Traum stattgefunden hat – dennoch in diesen Traum thematisch eingeflossen ist.
1995	Kelly Anspaugh arbeitete heraus, daß Freud aus Gründen der Diskretion die unübersehbaren sexuellen Implikationen des Traums in seiner Interpretation unberücksichtigt gelassen hat, aber keineswegs so naiv war, wie spätere Interpreten ihm unterstellt haben.
1995	Vera King nahm eine feministische Reinterpretation des Irma-Traums vor, indem sie aufzeigte, daß Freud sich selbst mit Irma zur Überwindung der Dichotomisierung von Männlichkeit und Weiblichkeit identifiziert habe.
1996	Harald Blum wies auf bislang unbekannte psychobiographische Überlegungen und auf die Grenzen der Reinterpretationsversuche hin.
1996	Theodor Meißel zeigte auf, welch ein Kontrast zwischen Freuds Reflexion über die Arzt-Patient-Beziehung im Irma-Traum und der gängigen medizinischen Praxis existiert, in der zum Teil immer noch unreflektiert die psychische Dynamik des „Doktorspiels" stattfindet.
1996	Stanley Coen zeigte auf, daß Erikson einer der ersten psychoanalytischen Autoren war, der anläßlich des Irma-Traums auf die Vielfältigkeit einer kreativen Konstruktion von Bedeutungen aufmerksam machte, anstatt von der Richtigkeit nur einer einzigen Deutung auszugehen.

In Fließ hatte Freud einen ungemein bewunderten und hoch idealisierten Mentor gefunden, der für seine Selbstwertregulierung – so hat es der Narzißmustheoretiker Heinz Kohut beschrieben – eine zentrale Stellung innehatte. Freud durfte deswegen auch keine Kritik an Fließ aufkommen lassen, denn dies hätte bedeutet, sich dieses wichtigen narzißtischen Selbstobjektes zu berauben, das einen solch eminenten Einfluß auf seine Kreativität ausübte. Freud zog es deshalb vor, sich lieber selbst zu beschuldigen, anstatt den über alles geliebten Freund anzugreifen. Die Operation Emma Ecksteins war nicht nur überflüssig gewesen, sondern sie hätte beinahe ein fatales Ende genommen. Freud schien geahnt zu haben, daß seine Ambivalenz in der Einschätzung dieser Frage die Freundschaft zu Fließ hätte gefährden können; dies war vermutlich der Grund dafür, daß er ihm den Irma-Traum erst fünf Jahre später mitgeteilt hat.

Ein weiterer Konflikt, der Freud am Vorabend des Irma-Traums bewegt haben könnte, würde demnach lauten: „Ich darf keine Kritik an Fließ aufkommen lassen, denn dies würde mich seiner ungemein wichtigen Funktion, die er für mich derzeit hat, berauben. Ohne ihn würde ich unkreativ und depressiv werden. Mein brennendes Verlangen, berühmt zu werden und von vielen Menschen bewundert zu werden, würde dann total enttäuscht werden." Die übermäßige Idealisierung von Fließ hatte seinen Vorläufer in Freuds starker Idealisierung seines Vaters, die ihm vermutlich unbewußt dabei half, über die Enttäuschungen, die er als Kind von seiner Mutter erfuhr, hinwegzukommen.

Der beinahe tödliche Ausgang der Operation von Emma Eckstein ließ aber nicht nur Kritik am idealisierten Freund und am narzißtischen alter ego Wilhelm Fließ entstehen, sondern aktivierte in Freud vermutlich auch ödipal motivierte Todeswünsche gegenüber seinem alten und kranken Vater, der ihm in seiner Kindheit zusammen mit den nachgeborenen Schwestern die Liebe seiner Mutter streitig gemacht hatte. In einer noch tieferen Schicht hatte Freud womöglich aber auch massive Aggressionen gegen seine Mutter, die ihn nicht nur immer wieder mit ihren Schwangerschaften und Geburten im Stich gelassen hatte, sondern auch insgesamt – so schildern es neuere Biographen – wenig mütterliche Einfühlung und Wärme aufwies. Angesichts dieser kindlichen Konfliktmatrix könnte auch Freuds verdrängter Todeswunsch gegenüber dem sechsten Kind und seiner Frau Martha verständlich werden, von dem allerdings nur der Gedanke an einen Abgang bewußt werden durfte. Im Traum kommt die Aggression gegenüber Irma hingegen deutlich zum Ausdruck, und die Vorstellung, daß die Ruhr das Gift ausscheiden werde, läßt unmittelbar an den Fetus denken.

Der seit einigen Jahren unermüdlich mit der Entthronisierung der Psychoanalyse beschäftigte Wissenschaftstheoretiker Adolf Grünbaum hat an Freuds Interpretation des Irma-Traums das Fehlen einer verdrängungsbedingten infantilen Traumgenese, im Sinne eines verdrängten kindlichen Triebimpulses moniert. Freud könne mit diesem Initialtraum der Psychoanalyse gerade nicht den Beweis antreten, daß verdrängte kindliche Wünsche motivational ursächlich für den gegenwärtigen Traum seien. Würde man Grünbaums logische Zerpflückung der Freudschen Traumpsychologie ernst nehmen, müßte man sich mit dem Sachverhalt beschäftigen, ob tatsächlich alle traumbildenden Motive dem Vergangenheits-Unbewußten angehören oder ob nicht auch spätere Abkömmlinge desselben traumproduzierende Kraft haben – Verdrängungen finden nicht nur in der Kindheit, sondern selbstverständlich auch in späteren Lebensabschnitten statt. Der von Freud identifizierte Wunsch, an Irmas Befindlichkeit keine Schuld zu haben, könnte bei einer wohlwollenden Auslegung auch als Beweis dafür betrachtet werden, daß Freud keineswegs nur libidinöse Triebimpulse als Traumverursacher angenommen hat, wie ihm von seinen Kritikern immer wieder unterstellt worden ist. Tatsächlich hat er ja auch entsprechend der Weiterentwicklung seiner Trieblehre sexuelle Triebimpulse, Ichtriebe und Aggression als Traumquelle angenommen.

Der Wunsch, von der Schuld an Irmas mangelnder Besserung freigesprochen zu werden, läßt sich zudem nicht nur als

Äußerung eines bewußten und deshalb gleichsam harmlosen Wunsches des Vortages auffassen, sondern als Ausdruck eines umfassenderen Sinnzusammenhangs, von dem nur die rezenten Glieder mitgeteilt worden sind.

Tab. 5: Einige Bedeutungszusammenhänge im Kontext mit Schuld in Freuds Biographie

„Ich bin nicht schuld, sondern Otto"
Schuld wegen Irmas Befindlichkeit
Schuld wegen der Kokainsucht von Ernst Fleischl von Marxow und seines schließlichen Todes
Schuld wegen des Todes seiner Patientin Mathilde aufgrund einer Intoxikation von Sulfonal
Schuld wegen Emmas mißglückter Operation durch Fließ, was letztlich auf zu wenig sublimierte Doktorspiele zurückgeht
Schuld, Frauen nicht gerecht zu werden, sie zum Objekt der kindlichen Sexualneugier zu machen und sie zu narzißtischen Zwecken zu mißbrauchen
Schuld, Martha zum permanenten Kinderkriegen zu zwingen
Schuld, an einen Abgang des sechsten Kindes (Anna) gedacht zu haben
Schuld, die Nichte Pauline im kindlichen Doktorspiel manipuliert und gegen ihren Willen gezwungen zu haben
Schuld wegen der Annahme, den kleinen Bruder Julius mit seinen eifersüchtigen Todeswünschen beseitigt und dadurch der Mutter Kummer bereitet zu haben

Nach Joseph Sandler, dem bekannten Londoner Psychoanalytiker, muß in der postfreudianischen Traumtheorie davon ausgegangen werden, daß es nicht nur Triebwünsche sind, die im Traum befriedigt werden, sondern die gesamte Breite von Wünschen einschließlich solcher, die zur Erhaltung der Selbstachtungs- und Sicherheitsgefühle, des Bedürfnisses, sich zu behaupten, usw. dienen. Des weiteren rechnet Sandler alle jene Wünsche hinzu, die durch bewußte oder unbewußte Angst und andere unlustvolle Gefühle erzeugt oder motiviert werden. Es dürfte schwierig sein, sich eine menschliche Handlung vorzustellen, die nicht von einem Wunsch im eben genannten Sinn ausgelöst oder begleitet wird, aber manche Computeranalogisten der menschlichen Psyche bringen dies tatsächlich fertig.

Die bis in die Gegenwart monoton wiederholte Kritik, die Psychoanalyse habe seit Freud die Traumpsychologie mit einer dogmatischen Funktionszuweisung der sexuellen Wunscherfüllung in ein Prokrustesbett gesperrt, entbehrt somit jeglicher Grundlage. Nach wie vor erscheint aber eine Auseinandersetzung mit dem Kognitivismus vieler antipsychoanalytischer Traumpsychologen interessant zu sein. Wenn man als Gegenpol zu Freud leichtfertig eine Traumfunktion der ausschließlich kognitiven Problemlösung postuliert, übersieht man, daß nahezu alle problemlösenden Aktivitäten einen Wunsch enthalten, z.B. zur Erhaltung der Selbstachtung oder des Bedürfnisses, sich zu behaupten. Problemlösungsaktivitäten ausschließlich auf der Ebene des Intellektuellen anzusiedeln, läßt ebenso eine Entsinnlichung und Entkörperlichung kognitiver Aktivitäten erkennen, wie die derzeit so beliebte Entsexualisierung in den Objektbeziehungs- und Bindungstheorien. Kehrt hier der schon totgeglaubte Cartesianismus wieder zurück, in Form einer Trennung von Intellekt und Körper?

Nicht unerwähnt soll in diesem Zusammenhang auch bleiben, daß Freud selbst in *Jenseits des Lustprinzips* (1920g) eine Einschränkung der Behauptung vorgenommen hat, daß nur unbewußte Wünsche die treibende Kraft bei der Traumbildung darstellen. Vielmehr seien die traumatischen Träume, in denen von schweren Traumata in der Vergangenheit (wie z.B. einer Teilnahme am Kriegsgeschehen) geträumt wird, Ausnahmen von dieser Regel. Da in der heutigen Psychoanalyse ohnehin von einem Kontinuum von Konflikt und Trauma als ätiologische und psychogenetische Faktoren ausgegangen wird (Mertens, 1998), müßte die Wunscherfüllungsthese Freuds, die den Ursprung der Träume in konflikthaften Kinderwünschen sieht, ohnehin differenzierter betrachtet werden.

Und da weiß ich, daß nichts vergeht,
keine Zeile und kein Gebet,
dazu sind die Dinge zu schwer,
immer steht die Kindheit um mich her
(Rainer Maria Rilke)

Manifester Traum und Kindheitserinnerungen

Nach Freud führen die Träume zurück in die Kindheit zu den unsterblichen Kinderwünschen; die Tagesreste bilden in der Regel lediglich einen Aufhänger und Anstoß, haben aber darüber hinaus keine weitere Bedeutung. Auch wenn sich an dieser Auffassung von der Bedeutung der Tagesreste Entscheidendes geändert hat, kann es aber nach wie vor als gesichert gelten, daß Eindrücke aus der Kindheit im Traum eine wichtige Rolle spielen. Es scheint mit großer Wahrscheinlichkeit so zu sein, daß bewußt nicht erinnerbare, ursprünglich aber traumatische und konfliktive Erfahrungen immer wieder erneut in Träumen reproduziert werden. Nicht zuletzt aus diesem Grund hat Freud die Analyse der Träume als Königsweg zum Unbewußten bezeichnet. Die Wünsche der Kindheit, die Opfer der Unterdrückung und Verdrängung werden, besitzen nach Freud vor allem deshalb eine derartige Faszination, weil Kinder nur ungern von diesen Wünschen lassen; darüber hinaus haben diese Wünsche eine biologische Basis. Dieser Umstand erklärte für ihn die nächtliche Rückkehr zu Erlebnissen von Konflikt und Trauma.

Aus einer modernen evolutionsbiologischen Sicht, wie z. B., aus derjenigen von Malcolm Slavin und Daniel Kriegman (1992), werden Wünsche auch deshalb zurückgestellt, weil sie zu bestimmten Zeiten, wie z. B. in der Kindheit, zu gefährliche Konsequenzen haben. Erst zu einem späteren Zeitpunkt können sie – dann zumeist in modifizierter und an das Erwachsenenleben angepaßter Form – gelebt werden. Dabei sind in den Träumen Erwachsener nur noch Fragmente der ursprünglichen Kindheitserlebnisse erhalten. Stanley Palombo (1984 a) erforschte systematisch das Auftauchen von Kindheitserlebnissen in Träumen, und er fand in über 90 % der Träume Spuren von Erinnerungen aus der Kindheit. Dabei handelte es sich um Erinnerungen, die dem betreffenden Träumer zuvor nicht bewußt gewesen sind, die ihm aber durch Assoziieren zu den Details seiner Träume nach und nach wieder erinnerbar wurden. Für diesen Traumforscher, mit dessen Theorie wir uns später noch ausführlicher beschäftigen werden, ist das Auftauchen von Kindheitserinnerungen in Träumen ein Beleg dafür, daß der Vorgang des Träumens und der Traumkonstruktion mit der Aktivierung von Gedächtnisinhalten aus dem Langzeitspeicher zu tun hat; mit anderen Worten ausgedrückt, daß Träumen dazu dient, gegenwärtige Erfahrungen mit früheren Erinnerungen abzugleichen. Aufgrund der hergestellten Verbindung zwischen den alten und den neuen Erinnerungen, erfahren die alten Eindrücke ein sogenanntes Updating und bleiben dadurch weiterhin, wenn auch nur noch in Fragmenten, im Langzeitgedächtnis erhalten.

Traumarbeit: Wie aus den Kinderwünschen mitteilbare Träume werden

Je weniger akzeptabel die ursprünglichen Kinderwünsche geworden sind, desto mehr müssen sie selbst noch im nächtlichen Traum verschlüsselt und verstellt werden. Angst- und Schuldgefühle, Scham und depressive Verstimmung sollen im Traum nicht erlebbar werden. Aus diesem Grund muß ähnlich wie in den Tagesphantasien und auch in den neurotischen Symptomen ein Kompromiß gefunden werden. Weil im Traum die Möglichkeit zu realistischer Handlungsausführung wegfällt, können manche Wünsche jedoch unverstellter als im wachen Erleben bewußt werden.

Gemäß Freuds Vorstellung lösen Tagesreste latente Traumgedanken aus, die wiederum aus biographisch geformten Triebwünschen hervorgegangen sind. Wegen des Widerstands gegen das Bewußtwerden kommt es zur Traumarbeit in Form von Verdichtung, Verschiebung und Symbolisierung. Schließlich erfährt dieses Produkt noch einmal eine sekundäre Bearbeitung, wenn sich eine Person ihren Traum vergegenwärtigt.

Der erinnerte und mitgeteilte Traum ist der *manifeste* Traum im Unterschied zum *latenten* Traumgedanken. Die Traumdeutung besteht in der kunstvollen Entschlüsselung der zensurierenden Traumarbeit.

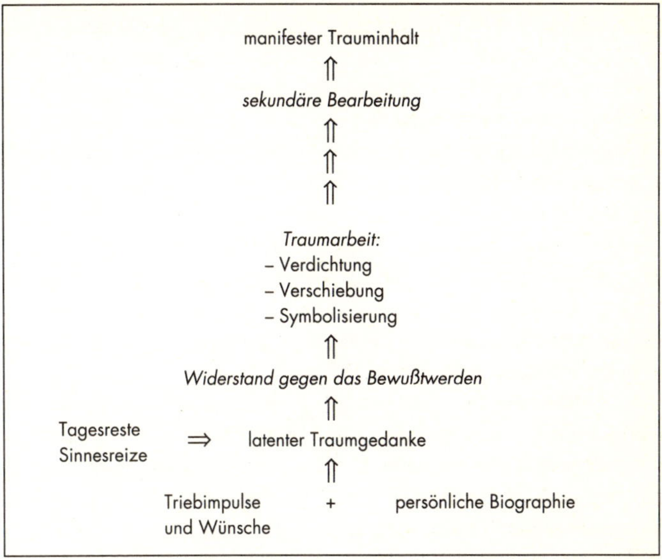

Abb. 2: Freuds Konzeption der Traumarbeit zwischen dem latenten Traumgedanken und dem manifesten Traum

Zur Unterscheidung von manifestem und latentem Traum

Die Unterscheidung zwischen manifestem und latentem Traum stellt ein grundlegendes Axiom der Freudschen Traumlehre dar.

Der manifeste Trauminhalt ist jene „fragmentarisch scheinende Erinnerung, die sich nach dem Erwachen an ihn einstellt. Er ist dann ein Gefüge von meist visuellen (aber auch andersartigen) Sinneseindrücken, die uns ein Erleben vorgetäuscht haben und unter welche Denkvorgänge (das ‚Wissen' im Traum) und Affektäußerungen gemengt sein mögen ... Derselbe ist häufig völlig absurd und verworren, andere Male nur das eine oder das andere; aber auch wenn er ganz kohärent ist wie in manchen Angstträumen, steht er unserem Seelenleben als etwas Fremdes gegenüber, von dessen Herkunft man sich keine Rechenschaft zu geben vermag" (Freud 1905c, S. 182). Nach Freud kann dieser sonderbare manifeste Trauminhalt jedoch verständlich gemacht werden, wenn man ihn als „verstümmelte und abgeänderte Umschrift" (a.a.O., S. 182) latenter Traumgedanken konzeptualisiert.

„Man verschafft sich die Kenntnis derselben, indem man den manifesten Trauminhalt ohne Rücksicht auf seinen etwaigen scheinbaren Sinn in seine Bestandteile zerlegt und dann die Assoziationsfäden verfolgt, die von jedem der nun isolierten Elemente ausgehen. Diese verflechten sich miteinander und leiten endlich zu einem Gefüge von Gedanken, welche nicht nur völlig korrekt sind, sondern auch leicht in den uns bekannten Zusammenhang unserer seelischen Vorgänge eingereiht werden" (a.a.O., S. 182f.).

Die Aufgabe der Traumanalyse besteht zum einen in der Umwandlung des manifesten Traumtextes in den latenten Traum und zum anderen in der theoretischen Bestimmung, wie diese Traumarbeit, die der Verwandlung des latenten in den manifesten Traum zugrunde liegt, vonstatten geht.

Bei der Aufgabe der Traumdeutung empfiehlt Freud nun, sich um den manifesten Traum (zunächst) möglichst wenig zu kümmern:

„Natürlich zeigt dieser manifeste Traum allerlei Charaktere, die uns nicht ganz gleichgültig sind. Er kann zusammenhängend sein, glatt komponiert wie eine Dichtung, oder unverständlich verworren, fast wie ein Delirium, kann absurde Elemente enthalten oder Witze und anscheinend geistreiche Schlüsse, er kann dem Träumer klar und scharf erscheinen oder trüb und verschwommen, seine Bilder mögen die volle sinnliche Stärke von Wahrnehmungen zeigen oder schattenhaft sein wie ein undeutlicher Hauch, die verschiedensten Charaktere mögen sich in demselben Traum zusammenfinden, auf verschiedene Stellen verteilt; der Traum mag endlich einen indifferenten Gefühlston zeigen oder von den stärksten freudigen oder peinlichen Erregungen begleitet werden – glauben Sie nicht, daß wir diese unendliche Mannigfaltigkeit im manifesten Traum für nichts achten, wir werden später auf sie zurückkommen und sehr vieles an ihr für die Deutung verwertbar finden, aber zunächst sehen wir von ihr ab und schlagen den Hauptweg ein, der zur Traumdeutung führt" (Freud 1933a, S. 10). Freud rät, den Träumer aufzufordern, sich ebenfalls vom Eindruck des manifesten Traums frei zu machen, die Aufmerksamkeit vom Ganzen weg auf die einzelnen Teile des Trauminhalts zu richten und der Reihe nach mitzuteilen, was ihm zu jedem dieser Teilstücke einfällt. So sinnvoll diese Empfehlung auch ist, um den einzelnen Assoziationen nachzugehen, so klammert Freud damit doch den Beziehungskontext, in dem jeder Traumbericht steht, nahezu vollständig aus (siehe Kap. 7).

Autoren nach Freud haben Freuds strenge Unterscheidung von manifest und latent immer mehr relativiert – und die Jungianer haben sie ohnehin nie akzeptiert. Erik Erikson hat Mitte der fünfziger Jahre eine viel beachtete Arbeit vorgelegt, in der er auf eine phänomenologisch exakte Analyse des manifesten Traums drang, der viel zu wertvoll sei, als „wie eine „nutzlose Nußschale" aufgeknackt und achtlos weggeworfen zu werden. Experimentell arbeitende Psychoanalytiker, wie z.B. Harry Fiss (1995), vertreten die Ansicht, daß die ursprüngliche Freudsche Auffassung vom Kompromißcharakter des Seelischen, der im Traum zutage tritt, durch die experimentelle Traumforschung nicht bestätigt werden kann, weil sich herausgestellt habe, daß es weit mehr Ähnlichkeiten als Unterschiede zwischen Wach- und Traumzustand gibt. Deutlich werde dies vor allem, wenn man die Gelegenheit hat, den Träumer unmittelbar nach seinem Traum zu wecken. Träume würden deshalb mehr enthüllen als verbergen.

Wenngleich der Gedanke eines Kontinuums zwischen Wach- und Traumbewußtsein aus heutiger Sicht sicherlich zutreffend ist, so minimieren manche psychoanalytische Forscher in der Gegenwart, vor allem wenn sie der Selbstpsychologie nahestehen, jedoch allzusehr die Konflikthaftigkeit unseres Alltagsbewußtsein, das bei näherer Betrachtung bereits viele Kompromißleistungen aufweist. Folglich liegt es nahe, dies auch für das Traumbewußtsein anzunehmen.

Fiss (1995) sieht sich mit seiner Auffassung in Übereinstimmung mit den experimentellen Forschungsbefunden von Ramon Greenberg und Chester Pearlman (1975), die die These vertreten, daß die nächtlichen Träume oftmals die Probleme vom Tage behandeln und nicht selten eine Lösung für diese erarbeiten (siehe Kap. 6). Es wäre aber voreilig, daraus den Schluß zu ziehen, daß der manifeste Inhalt bereits die volle Wahrheit ausmache, so daß man sich nur um die Übersetzung der primär sensorischen Bilder, der Symbole und Metaphern zu bemühen habe. Diese Auffassung übersieht, daß die im Traum zum Ausdruck kommende Verdichtung von gegenwärtigen Problemen und verdrängten Wünschen der Vergangenheit in die einzelnen Stränge bzw. Assoziationslinien zerlegt werden muß. Des weiteren darf das Moment der Abwehr nicht vernachlässigt werden. Harmlos erscheinende Tagesreste, die in den Traum eingehen, dienen der Abwehr von beunruhigenden Konflikten, die am Tage zuvor als Problem erlebt worden sind, aber aufgrund ihrer konflikthaften Implikationen nicht bewußt werden durften. Gleichwohl bedeutet dies nicht, daß die manifesten Traumelemente keine Aussagekraft hätten. Denn nicht alle Inhalte des Traumnarrativs sind ja der Verdichtung oder der Symbolisierung unterzogen worden. Manchmal lassen sich einzelne Szenen der Traumerzählung unmittelbar auf Tagesreste und auch auf Vergangenes beziehen. So läßt Freuds Irma-Traum, der in der Halle des Bellevue beginnt, unmittelbar den Bezug zu der bevorstehenden Geburtstagsfeier von Martha erkennen; die Personen von Oskar Rie, Breuer und Fließ sind unschwer zu identifizieren.

Die strikte Unterscheidung von manifestem und latentem Traum war für Freud und die Psychoanalyse viele Jahre sicherlich notwendig, um eine wissenschaftliche Traumforschung paradigmatisch zu begründen und sie gegenüber allen traditionellen und populärpsychologischen Deutungskünsten zu schützen. Konnte der Psychoanalytiker Harald Blum noch kategorisch feststellen, daß der Unterschied zwischen manifestem und latentem Inhalt ein wesentliches psychoanalytisches Konzept bleiben müsse und konnte er deshalb vor einer alleinigen Interpretation und Deutung des manifesten Inhalts warnen, weil dies in aller Regel zu willkürlichen und vereinfachenden Ergebnissen führe, so ist aus heutiger Sicht die Dichotomisierung von manifestem und latentem Trauminhalt in der üblichen Verwendung doch zu einfach. Denn die scheinbar simple Unterscheidung zwischen manifestem und latentem Traum löst sich bei genauerer Betrachtung in ein kompliziertes Kontinuum von manifesteren und latenteren Zügen auf. Manche Traumteile lassen unmittelbar einen Bezug zum gegenwärtigen Leben des Träumers erahnen, andere scheinen unverständlich und geheimnisvoll zu sein.

Im übrigen hat sich Freud selbst in seinem praktischen Vorgehen ohnehin nicht an seine strenge theoretische Dichotomie von latent und manifest gehalten, wie z. B. die Freudsche Analyse des Irma-Traums beweist. Die Abfolge der Handlungen erinnert unmittelbar an wichtige Ereignisse, wie z. B. die unglückliche Nasenoperation von Emma Eckstein durch Wilhelm Fließ. Gleichwohl wäre es ein Irrtum, wie die Selbstpsychologen den manifesten Traum bereits für die ganze Wahrheit zu halten; denn täte man dies, würde man das grundlegende Faktum der Verdichtung von Gegenwärtigem und Vergangenem ebenso außer Acht lassen, wie die Abwehr in Form der Substituierung von Tagesresten (Verschiebung). Sicherlich reicht manchmal zum Erkennen der Persönlichkeit eines Träumers bereits der manifeste Traumtext; aber genauso oft gibt es Träume, die nicht von vornherein erkennen lassen, zu welchem Träumer sie gehören; erst die ausführlichen Assoziationen liefern dann die fehlenden Informationen.

Zu den Mechanismen der Traumarbeit: Verdichtung und Verschiebung

Zu den Modi der Traumarbeit gehören nach Freud neben der szenischen Darstellung und der Symbolisierung vor allem auch Verdichtung und Verschiebung.

„Vergleicht man an einem beliebigen Beispiel die Zahl der Vorstellungselemente oder den Umfang der Niederschrift beim Traum und bei den Traumgedanken, zu denen die Analyse führt, und von denen man eine Spur im Traume wiederfindet, so kann man nicht bezweifeln, daß die Traumarbeit hier eine großartige Zusammendrängung oder *Verdichtung* zustande gebracht hat" (Freud 1901a, S. 661).

Nach Werner Kemper (1955) lassen sich die verschiedenen Formen der Verdichtung noch genauer unterscheiden:

- Verdichtung entsteht, wenn bestimmte Vorstellungen eine gemeinsame Schnittmenge, d.h. eine gemeinsame Erlebniskategorie haben. Vater, Pfarrer, Lehrer und Professor z.B. verdichten sich zu einer Sammelperson, die beispielsweise autoritäre Züge trägt und Unterwerfung, Aggression und Auflehnung provoziert.
- Verdichtung entsteht, wenn bestimmte Gegensätzlichkeiten gleichzeitig z.B. in Form einer Ambivalenz ausgedrückt werden. Wenn das Thema Aggression im genannten Beispiel Angst entstehen läßt, dann können im Sinne einer Reaktionsbildung oder eines Ungeschehenmachens auch beruhigende Züge an der Autoritätsperson entdeckt werden.
- Tritt zur Verdichtung die Verschiebung hinzu, dann ergibt sich eine Umzentrierung der manifesten Traumelemente und ihrer Bedeutungen: „Der Traum ist gleichsam anders zentriert, sein Inhalt um andere Elemente als Mittelpunkt geordnet als die Traumgedanken" (Freud 1900a, S. 310).

Stanley Palombo, Professor an der George Washington University, hat herausgearbeitet, daß sich der von Freud als Verdichtungsvorgang beschriebene Prozeß der Traumarbeit nicht länger als eine Abwehrtätigkeit auffassen läßt, sondern als eine Informationsverarbeitung, die Palombo als Vergleich durch Überlagerung bezeichnet.

Informationsverarbeitung ist ein Schlüsselbegriff aus der Kognitionspsychologie, die seit mehr als 25 Jahren die ungeheuer komplexen Tätigkeiten des menschlichen Geistes begrifflich zu fassen und zu erforschen versucht. Dabei wird davon aus-

gegangen, daß keineswegs nur eine *Modalität der Informationsverarbeitung existiert, sondern daß diese, die sich ohnehin in einen bewußtseinsfähigen Bereich und in einen nicht bewußten Bereich unterscheiden läßt, verschiedene Formen umfaßt. Die nicht bewußte Informationsverarbeitung beinhaltet hierbei den ungleich größeren Teil dieser Vorgänge, arbeitet parallel im Unterschied zur seriellen oder sequentiellen bewußten Informationsverarbeitung und läßt sich nur teilweise mit Computermodellen simulieren. Für Psychoanalytiker, die sich meist erst seit einigen Jahren mit diesen Konzepten beschäftigen, eröffnet das Studium dieser nicht bewußten und nicht verbal prozessierten Phänomene einen tiefen Einblick in die adaptiven Prozesse, die jedem Veränderungsprozeß, so auch demjenigen in einer analytischen Therapie, zugrunde liegen. Ein Grund, warum Psychoanalytiker sich bisher relativ wenig damit befaßt haben, könnte in der Überzeugung liegen, daß die unbewußten Vorgänge allesamt primärprozeßhaft organisiert sind und nur die sekundärprozeßhaften Vorgänge für Veränderung interessant sind. Dieser Auffassung liegt aber zum einen die Verwechslung von psychodynamisch unbewußten Inhalten mit nicht bewußten kognitiven Verarbeitungsprozessen zugrunde, zum anderen wird hierbei der primärprozeßhaften Modalität jegliche Organisation und Entwicklungslogik abgesprochen.*

Folgt man Palombo, so kam Freud der kognitiven Bedeutung des Konzepts von Vergleich durch Überlagerung bereits sehr nahe. Denn bei zahlreichen Gelegenheiten zeigte Freud die Ähnlichkeit zwischen der von ihm beschriebenen Verdichtung mit der Methode von Galton auf, Familienähnlichkeiten anhand des Übereinanderlegens der Fotografien von Familienmitgliedern zu bestimmen.

„Die Traumarbeit verfährt dann wie Francis Galton bei der Herstellung seiner Familienphotographien. Sie bringt die verschiedenen Komponenten wie übereinander gelegt zur Dekkung; dann tritt das Gemeinsame im Gesamtbild deutlich hervor, die widersprechenden Details löschen einander nahezu aus.

Dieser Herstellungsprozeß erklärt auch zum Teil die schwankenden Bestimmungen von eigentümlicher Verschwommenheit so vieler Elemente des Trauminhalts. Die Traumdeutung spricht, auf dieser Einsicht fußend, folgende Regel aus: Wo sich bei der Analyse eine Unbestimmtheit noch in ein *entweder – oder* auflösen läßt, da ersetze man dies für die Deutung durch ein „*und*" und nehme jedes Glied der scheinbaren Alternative zum unabhängigen Ausgang einer Reihe von Einfällen" (Freud 1901a, S. 663).

An anderer Stelle schreibt Freud über diesen höchst bemerkenswerten Vorgang: „Das Gesicht, das ich im Traum sehe, ist gleichzeitig das meines Freundes R. und das meines Onkels. Es ist wie eine Mischphotographie von Galton, der, um Familienähnlichkeiten zu eruieren, mehrere Gesichter auf die nämliche Platte photographieren ließ. Es ist also kein Zweifel möglich, ich meine wirklich, daß Freund R. ein Schwachkopf ist – wie mein Onkel Josef" (Freud 1900a, S. 155).

Jacob Arlow war einer der ersten psychoanalytischen Autoren, der das Modell der Mischphotographie auf die unbewußten Phantasien angewendet hat. Unbewußte Phantasien gruppieren sich um bestimmte Wünsche aus einer bestimmten Entwicklungszeit, in der auch spezifische Denkmodalitäten vorherrschen, intrapsychische Konflikte auf eine bestimmte Art und Weise zu lösen. Die Beziehungen dieser unbewußten Phantasien untereinander stellte Arlow sich analog zu übereinandergelegten Fotos vor. Je nach den gegebenen Bedingungen werden verschiedene Bilder herausgehoben.

Für den Vergleich von neuen, bewußten Erfahrungen mit unbewußten Phantasien entwickelte Arlow ein weiteres noch dynamischeres Modell: Er stellte sich vor, daß auf einen durchsichtigen Vorhang von beiden Seiten her mit zwei Filmprojektoren Cartoons projiziert werden. Die von den beiden unabhängigen Geräten projizierten Bildabfolgen werden nun gemäß Zeit und Inhalt zu synchronisieren versucht; ein höchst dynamischer, integrativer Vorgang, welcher der Anpassung aktueller Erlebnisse mit vergangenem Gedächtnismaterial dient. Sinn dieses damit beschriebenen Vorgangs ist, zu prüfen, ob sich die gegenwärtigen wunschbestimmten Problemlösungsmodalitäten durch die im Langzeitgedächtnis gespeicherten Lösungsstrategien anreichern, möglicherweise aber auch korrigieren lassen. Keine Zeit eignet sich für diesen sorgfältigen Abgleichungsprozeß so gut wie die des Traumschlafes, wenn wir entlastet von der Sinneswahrnehmung und befreit von einem unmittelbaren Handlungsdruck eine Aufarbeitung und Neuordnung der vielfältigen Probleme vornehmen können, die uns der vergangene Tag bereitet hat.

Mindestens ebenso wichtig wie die Verdichtung ist nach Freud für die Traumzensur auch die Verschiebung, die vollends zur Befremdlichkeit mancher Traumteile beiträgt. Denn wichtige Gefühle können auf andere Personen oder Sachverhalte verschoben werden, und der ursprüngliche Bedeutungszusammenhang kann sich hinter der Verschiebung verbergen.

So träumte z.B. ein Patient davon, daß ihn ein Gondoliere durch die von Touristen weniger besuchten Kanäle Venedigs fuhr, was in ihm ein Gefühl von Angst auslöste. Dieser Patient konnte nur schwer vor sich selbst und vor seiner Analytikerin eingestehen, daß ihn die Konfrontation mit sich selbst im Verlauf einer Therapie ängstigte; immerhin konnte er aber ein ängstliches Gefühl im Traum zulassen.

Wäre auch dieses aufgrund starker Schamängste abgewehrt worden, hätte er statt dessen auch von Abenteuerlust träumen können, denn auch Affekte können nach Freud verschoben werden und sogar eine Umkehrung erfahren.

Nach Palambo läßt sich der von Freud als primärprozeßhaft operierend beschriebene Vorgang der Verschiebung angemessener als Ersetzung oder Substitution auffassen. Im Unterschied zur Verdichtung bzw. Überlagerung sollte er als ein ausschließlich defensiver Vorgang betrachtet werden. Wie auch die Verdichtung ist die Ersetzung (Verschiebung) allerdings keine spontane primärprozeßhafte Aktivität, die unvorhersagbar und willkürlich in Funktion tritt, sondern ein intentionaler Vorgang. Bei der Ersetzung (Verschiebung) wird die Verarbeitung neuer Informationen verzögert, bei der Verdichtung hingegen beschleunigt. Verdichtung und Ersetzung (Verschiebung) sind somit antithetische Prozesse.

Wenn eine Wahrnehmung Angst auslöst, muß nach einer bereits existierenden Ähnlichkeitsbeziehung gesucht werden, damit die Informationsverarbeitung ohne angstmachende Emotionen vorgenommen werden kann; das Ausmaß der tolerierbaren Angst entscheidet somit über die Angemessenheit der Wahrnehmung. Trotz der Ähnlichkeitsbeziehung ist nun keine affektive Verbindung zu dem angstmachenden Stimulus bzw. dem Netzwerk von Bedeutungen mehr erkennbar. Der Vorgang der Ersetzung läßt sich auch wie die Suche nach dem kleinsten gemeinsamen Nenner der geteilten Bedeutungen auffassen, allerdings unter Eliminierung der Komponenten, die Angst oder Scham auslösen. Kriterien für die Ähnlichkeitsbeziehung sind z. B. kognitive Vergleichbarkeiten in verschiedenen sensorischen Modalitäten, Ähnlichkeiten im Affekt, der Gestalt und in den räumlichen Konfigurationen, Beziehungen aufgrund chronologischer Kontiguität, Ähnlichkeiten hinsichtlich symbolischer Bedeutungen. Die Ersetzung macht auch von den Prinzipien des *pars pro toto* und des *tertium comparationis* Gebrauch; ferner vom Denken und Erleben in Gegensätzen. Immer ist hierbei aber ein Minimum an Verbindung innerhalb des Bedeutungsnetzwerks erforderlich. Dieses existiert bei der Ersetzung (Verschiebung) im Gedächtnis bereits. Anders hingegen bei der Verdichtung: Bei diesem Vorgang wird eine neue Verbindung erstmalig geschaffen. Hier ist das zusammengesetzte Bild oder Netzwerk eine neue Schöpfung, eine neue Verbindung im Langzeitgedächtnis zwischen alten und neuen Repräsentanzen. Die Verdichtung in Form eines Vergleichs durch Überlagerung scheint der grundlegendste kreative Akt unserer seelischen Tätigkeit zu sein.

Nach Freud entstellt noch ein weiterer Vorgang die latenten Traumgedanken, die Symbolisierung. Freud verstand im Kontext seiner Traumlehre unter einem Symbol eine relativ typische Bedeutung, die sich gleichsam als Universalie auffassen läßt: Längliche Gegenstände repräsentieren den Penis, Behälter, Vasen und Räume den weiblichen Uterus oder die Vagina. Unter Kritikern dieses frühen psychoanalytischen Ansatzes, bei dem die Bildung eines Symbols nahezu ausschließlich im Dienst der Verdrängung und der Symptombildung aufgefaßt wurde, war folgender Witz beliebt: „Das Konkave ist etwas sehr Sinnliches, das Konvexe löst starke sexuelle Gefühle aus; die höchste Stufe der Wollust aber ist das Plane, als die Vereinigung des Konkaven und des Konvexen."

Aber selbst wenn Freud Symbole als Schöpfungen des menschlichen Geistes begriff, die kultur- und generationenübergreifend konstante Bedeutungen beinhalten, so wies er dennoch immer wieder darauf hin, daß die Symboldeutung die assoziative Technik nicht ersetzen könne, die zusätzlich zu der symbolischen Grundsprache der Menschheit die individuellen Konnotationen des jeweiligen Träumers liefere.

In der Symbolsprache kommt es zu einer Wiederbelebung der kindlichen Bilderwelt, die sich noch stark in einem Handlungsmodus bewegt, nicht zuletzt auch durch die im Traum stattfindende Regression auf früher Erlebtes; Bilder, szenische Darstellungen, Handlungen, anschauliche Metaphern und Vergleiche überwiegen, weniger stark vertreten ist hingegen der logische Diskurs, die rationale Schlußfolgerung.

Die wissenschaftliche Betrachtung der Symbolbildung ist im 20. Jahrhundert der Freudschen Auffassung nicht gefolgt. Diese spricht von semantischen Symbolen, die im Laufe des Lebens gelernt werden, während die Freudsche Symbolauffassung unter den unbewußten Traumsymbolen eine Klasse von Beziehungen versteht, die in ihrer Relation von Bezeichnetem und Bezeichnendem weitgehend als angeboren und universell gelten. Psychoanalytische Symbole leiten sich zudem von unbewußten Konflikten ab, beruhen auf Verdrängungsarbeit wie auf primärprozeßhafter Vorstellungs- und Denktätigkeit und beziehen sich vor allem auf das Körper-Ich und auf triebhafte Prozesse. Vermutlich entwickeln sich aber der psychoanalytische und der bewußtseinsmäßige Symbolbegriff aus einer gemeinsamen Matrix und weisen deshalb auch gemeinsame Struktureigentümlichkeiten auf. Die Philosophin Susanne

Langer unterschied „diskursive“ und „präsentative“ Symbole, wobei zur diskursiven Symbolik der sprachliche Symbolismus gehört, während präsentative Symbole eine größere Affektnähe und Vorgänge der Verdichtung und Verschiebung aufweisen; dennoch machte sie unmißverständlich klar, daß es nur ein einziges Symbolbildungsvermögen geben kann.

Symbolbildung in sprachlicher Hinsicht ist vor allem aus entwicklungspsychologischer Sicht beschrieben worden. Wann fängt ein Kind an, Symbole zu bilden? Wenn man unter Symbolen im engeren Sinn die sprachlichen Symbole versteht, dann entwickelt sich die Symbolisierungsfähigkeit erst in der zweiten Hälfte des zweiten Lebensjahres. Ab diesem Zeitpunkt werden bislang nur sinnlich und emotional wahrgenommene Beziehungserfahrungen in einen sprachlichen Dialog übergeführt. Es kommt hierbei zu einer Neucodierung präverbaler Erfahrungen, wobei ein mehr oder weniger großer Erfahrungsschatz keine symbolische Benennung erfährt und fortan stumm bleibt. Aber natürlich gibt es vor den sprachlichen Symbolen auch schon bildliche Symbole. Die von Säuglingsbeobachtern und Kleinkindforschern neuerdings kritisierte Überschätzung der Symbolisierungsfähigkeit im ersten Lebensjahr, in der Freud die Möglichkeit zur halluzinatorischen Wunscherfüllung erblickte, muß bei Einbeziehung der Fähigkeit zur Symbolisierung in Bildern erneut reflektiert werden. Diese frühe bildhafte Symbolisierung stellt sicherlich den Bodensatz vieler Traumsymbole dar, die keine Abwehrfunktion zu haben brauchen.

Jungianer haben an der klassischen Freudschen Symbolauffassung die immer schon feststehende Bedeutung eines Symbols kritisiert. Ausgehend von der etymologischen Bedeutung des Wortes (sym = zusammen und ballein = werfen) vertreten sie die Ansicht, daß im Symbol das Vertraute mit dem Unvertrauten, der bewußte Teil der Psyche mit dem unbewußten Teil verbunden wird. Der universalistische Symbolgebrauch Freuds, der unter „Symbol“ im Grunde eher ein Zeichen, eine abgekürzte Bezeichnung einer immer schon bekannten Sache versteht, verhindere nachgerade ein Vertrautwerden mit dem

Unbewußten und verzichte damit auch auf die lebensspendende Kraft, die von der Aneignung der unbewußten Bilder ausgeht. Symbole müßten deshalb in ihrer grundsätzlichen Mehrdeutigkeit respektiert und auch amplifiziert werden, indem ihre archetypischen Ursprünge Berücksichtigung finden, anstatt reduktiv auf immer schon Bekanntes zurückgeführt zu werden. In der symbolischen Erfahrung bleiben wir nach Meinung der Jungianer mit unseren Vorfahren verbunden, auch wenn manche übermäßig intellektbetonte Menschen sich kraft ihres Verstandes als einsame Schöpfer ihres Ichs wähnen. So wie ein Säugling bereits die Gestalt eines menschlichen Gesichtes bevorzugt erkennen kann, so trägt er auch die Kenntnis archetypischer Personen (wie Mutter und Vater), archetypischer Tiere (wie Schlangen und Raubtiere) und archetypischer Ereignisse (wie Geburt, Tod, Trennung von den Eltern) in sich. Archetypen sind gleichsam genetische Prädispositionen, die durch natürliche Selektion im Erbgut weitergegeben worden sind.

Aus der Sicht einer modernen psychoanalytischen Auffassung setzt sich Symbolisierung also aus den Vorgängen der Verdichtung und Verschiebung sowie der bildhaften Darstellung zusammen.

So erlebte z. B. eine Patientin die Angst vor einem stärkeren Kontakt zu ihrer Therapeutin in ihrem Traum als eine Autofahrt, bei der die Träumende die Bremse betätigte, diese aber keine Wirkung zeigte; das Fahrzeug ließ sich nicht abbremsen bzw. nicht zum Anhalten bringen. Die von der Träumerin erlebten Ängste, bei einem intensiveren Kontakt von Sehnsüchten nach Geliebtwerdenwollen überschwemmt zu werden und sich dann der gefürchteten Lächerlichkeit preiszugeben sowie Wutgefühlen nicht Einhalt gebieten zu können, wurden in dem Bild des Nicht-abbremsen-Könnens verdichtet; die Kontaktängste wurden auf das Autofahren und Abbremsen verschoben und die abstrakten psychischen Ängste als konkrete Szene verbildlicht.

Freuds Auffassung, daß jegliche Symbolisierung im Traum stets der Abwehr diene, wurde bereits von Jung widersprochen. Auch psychoanalytische Autoren, wie z.B. Charles Rycroft, kritisierten sie. Berücksichtigt man, daß lediglich die Verschiebung (Ersetzung) eine defensive Operation darstellt, nicht hingegen die Verdichtung, muß die lange Zeit geltende psychoanalytische Lehrmeinung nunmehr differenzierter betrachtet werden. Nur der mögliche Verschiebungsanteil an der Symbolisierung läßt sich noch als defensive Maßnahme begreifen, die Verdichtung, die zur Allegorisierung, Metaphorisierung und Symbolisierung beiträgt, hingegen nicht. Diese Auffassung befindet sich in Übereinstimmung mit der Beobachtung, daß auch unsere Erwachsenensprache, ja selbst die Wissenschaftssprache, voller Metaphern und Symbole ist und daß diese anschaulichere Sprache den Urgrund unseres abstrakteren Denkens bildet.

Tagesrest: Ein wichtiger Schlüssel zum Traumverstehen

Als Tagesreste gelten solche Tageserlebnisse, die im Traum weiterverarbeitet werden und als Traumerreger eine maßgebliche Rolle spielen. Sie sind nach Freud der „Unternehmer des Traums", während der unbewußte Wunsch den „Kapitalisten" darstellt. Das schließt aber nicht unbedingt aus, daß gelegentlich der Unternehmer auch ein wenig Kapital mitbringt, d.h. daß dem Inhalt des Tagesrestes doch eine größere Bedeutung für das Verständnis des Traumes zukommt. Freud ging davon aus, daß „in jedem Traum eine Anknüpfung an die Erlebnisse des letztabgelaufenen Tages aufzufinden ist" (Freud 1900a, S. 170). Im Irma-Traum sind dies der Vorwurf Ottos, die Sorge um die Gesundheit von Martha, Freuds eigene Körperbeschwerden, die Sorge um Fließ, was sich – so Freud – letztlich alles zu dem folgenden Topos zusammenfassen läßt: „Sorge um die Gesundheit, eigene und fremde, ärztliche Gewissenhaftigkeit" (a.a.O., 1900a, S. 125).

Natürlich kann ein Traum auch Inhalte benützen, die aus einer früheren Lebenszeit des Träumers stammen, also sich z.B. Wochen oder Monate zuvor ereignet haben, sofern nur „von den Erlebnissen des Traumtages (den ‚rezenten Eindrükken') zu diesen früheren ein Gedankenfaden reicht" (a.a.O., S. 174). Wenn sich auch in manchem Trauminhalt lediglich Anspielungen auf gleichgültige Eindrücke vom Vortag finden lassen und der Anschein entstehen kann, daß der Traum bevorzugt Nebensächlichkeiten aufnimmt, so tritt Freud doch energisch der Auffassung entgegen, daß wichtiges Tagesgeschehen keinen Eingang in den Traum findet: „Das Gegenteil ist wahr; was uns bei Tage in Anspruch genommen hat, beherrscht auch die Traumgedanken, und wir geben uns die Mühe zu träumen nur bei solchen Materien, welche uns bei Tage Anlaß zum Denken geboten hätten" (a.a.O., S. 180).

Die Tagesreste lassen sich nach Freud folgendermaßen einteilen:

„a) Ein rezentes und psychisch bedeutsames Erlebnis, welches im Traum direkt vertreten ist.

b) Mehrere rezente, bedeutsame Erlebnisse, die durch den Traum zu einer Einheit vereinigt werden.

c) Ein oder mehrere rezente und bedeutsame Erlebnisse, die im Trauminhalt durch die Erwähnung eines gleichzeitigen, aber indifferenten Erlebnisses vertreten werden.

d) Ein inneres bedeutsames Erlebnis (Erinnerung, Gedankengang), welches dann im Traum *regelmäßig* durch die Erwähnung eines rezenten, aber indifferenten Eindruckes vertreten wird." (a.a.O., S. 186).

Freud hält somit daran fest, daß ein rezenter Eindruck des Vortages Bestandteil des Trauminhalts wird. Sein Kapitel über den Tagesrest als Traumquelle beschließt Freud mit den Worten, daß es keine indifferenten Traumerreger, also auch keine harmlosen Träume geben kann.

Dennoch findet man bei Freud zwei kontrastierende Einstellungen gegenüber dem Tagesrest. Einerseits behauptete er, daß bestimmte Tagesreste nur deshalb ausgewählt werden, weil sie bar jeglicher emotionalen Bedeutung für den Träumer seien. Zum anderen vertrat er die Auffassung, daß wichtige Erlebnisse vom Vortag häufig den Traumerreger darstellten.

Nach neuerer psychoanalytischer Auffassung stellt der Tagesrest häufig eine defensive Substitution für ein bedeutsames, aber angstauslösendes Ereignis des Vortages dar, das deshalb aktiv aus dem Traum ausgeschlossen werden muß. Die von Freud als Zensurtätigkeit des Traums postulierte Verschiebung findet bereits bei der Auswahl der Tagesreste in den Traum, nicht hingegen während des eigentlichen Vorgangs des Träumens statt. Abwehrmechanismen, die in der Phase der Traumentstehung tätig sind, regulieren auf diese Weise das Angstlevel des Träumenden und ermöglichen, daß Tagesereignisse in das Langzeitgedächtnis integriert werden, die freilich nicht die wirklich konflikthaften und unangenehmen Geschehnisse widerspiegeln, sondern nur in einer assoziativen Bedeutung zu diesen stehen.

Diese defensiven Substitionen lassen sich nach dem Konzept der Deckerinnerung begreifen. Harmlose Erinnerungen überdecken traumatische Vorfälle, die wegen ihrer heftigen Affektintensität nicht mehr bewußt werden dürfen. Wenn man diese von Freud an anderer Stelle vorgetragene Idee in die Theorie der Traumentstehung integriert, könnten die Ungereimtheiten bezüglich des Stellenwerts des Tagesrestes aufgehoben werden. Ein trivialer Tagesrest im Traum ist stets aus der Abwehroperation der Verschiebung hervorgegangen. Die dahinterstehenden Erlebnisse oder Gedankentätigkeiten sind aber niemals trivial, sondern in unterschiedlichem Ausmaß konflikthaft.

Im Jahr 1923 weitete Freud ohnehin in seinem Aufsatz über *Bemerkungen zur Theorie und Praxis der Traumdeutung* seine anfängliche Definition aus. Er wertete die Tagesreste auf, indem er eine ausgewogenere Balance zwischen den Triebimpulsen aus dem Unbewußten und den gegenwärtigen Lebensthemen und -problemen des Träumers annahm und „Träume von oben" von „Träumen von unten" unterschied: „Träume von unten sind solche, die durch die Stärke eines unbewußten (verdrängten) Wunsches angeregt werden, der sich eine Vertretung in irgendwelchen Tagesresten verschafft hat. Sie entsprechen Einbrüchen des Verdrängten in das Wachleben. Träume von oben sind Tagesgedanken oder Tagesabsichten gleichzustellen, denen es gelungen ist, sich nächtlicherweise eine Verstärkung aus dem vom Ich abgesprengten Verdrängten zu holen. Die Analyse sieht dann in der Regel von diesem unbewußten Helfer ab und vollzieht die Einreihung der latenten Traumgedanken in das Gefüge des Wachdenkens. Eine Abänderung der Theorie des Traumes wird durch diese Unterscheidung nicht erforderlich" (Freud 1923c, S. 303f.).

In den sechziger und siebziger Jahren wurde Freuds relative Geringschätzung des Tagesrests sowohl für die Architektur und Generierung des Traums als auch für dessen Interpretation immer stärker kritisiert. Auch wenn Freud davon überzeugt war, daß in jedem Traum ein Tagesrest aufzufinden sei, so hat er doch der genaueren Untersuchung dieser Traumquelle, vor allem hinsichtlich ihrer psychodynamischen Implikationen relativ wenig Bedeutung beigemessen; zu wenig erkannte er ebenso die herausragende Bedeutung des Tagesrestes für die Konstruktion des Traums und entsprechend für die Trauminterpretation. Damit korreliert auch Freuds Geringschätzung des manifesten Traums gegenüber dem latenten Traum.

Carl Schorske (1974) hat an einer ganzen Anzahl der von Freud in der *Traumdeutung* berichteten Träumen aufgezeigt, daß der manifeste Inhalt der Träume einen von Freud selbst nicht erkannten Bezug zu seinen beruflichen und politischen Anliegen und Problemen hatte. Ramon Greenberg und Chester Pearlman (1978) haben diesen Befund – anknüpfend an Schurs Auffindung weiterer Tagesreste zum Irma-Traum – im Detail auch an diesem Initialtraum herausgearbeitet. Nach Robert Langs (1971) kann ein Verstehen des Tagesrestes, das sich entweder spontan oder aufgrund von Einfällen zum manifesten Trauminhalt ergibt, oftmals schon zur Aufklärung des Traums und damit auch seiner latenten Ebene führen.

Der Tagesrest ist somit nach heutiger Auffassung von seinem Inhalt her nicht mehr nur ein relativ nichtiger Anlaß für die Traumentstehung, sondern er führt zu den entscheidenden Erlebnissen, die den Träumer bewegen und die er im Traum mit vergangenen Eindrücken und Konfliktlösungen zu vergleichen versucht. Im analytischen Setting enthält der Tagesrest darüber hinaus nicht selten eine signifikante Szene zwischen Analytiker und Analysand. Die Konzeptualisierung der Analytiker-Patient-Beziehung verbindet sich folgerichtig auch mit einer Neueinschätzung des Tagesrestes. Diese ergibt sich allein schon aus dem Umstand, daß entsprechend einer modernen, konsequent psychodynamisch verstandenen Wahrnehmungstheorie die Wahrnehmung und Interpretation von Tagesereignissen nicht zufällig erfolgen, sondern in einer Interdependenz mit unbewußten Phantasien und Schemata stehen. Dies läßt sich auch empirisch belegen: Greenberg und Pearlman (1975) verglichen die Träume eines Analysanden, die im Schlaflabor gewonnen wurden, mit den per Tonband aufgezeichneten Inhalten einer analytischen Sitzung vom vorhergehenden Tag; Inhalte, die den Analysanden in der Sitzung stark beschäftigten, fanden sich nahezu unverstellt im berichteten manifesten Traum. Dieser Befund unterstreicht die auch von empirischen Traumforschern behauptete Kontinuität des Wach- und Traumzustandes.

3. Psychoanalytische Traumforscher nach Freud (Erste Hälfte des 20. Jahrhunderts)

Tab. 6: Psychoanalytische Traumforscher
(Erste Hälfte des 20. Jahrhunderts)

1900	Freuds epochales Werk *Die Traumdeutung* erscheint.
1912	Der Schweizer Psychotherapeut Alphonse Maeder schlägt eine prospektive Interpretationsebene als Ergänzung zur überwiegend retrospektiven Betrachtungsweise Freuds vor.
1913	Alfred Adlers Arbeit *Traum und Traumdeutung* erscheint.
1935	Carl Gustav Jung veröffentlicht *Traumsymbole des Individuationsprozesses.*
1942	Samuel Lowy vertritt die Auffassung, daß Träumen ein kontinuierlicher Vorgang im Schlaf sei, der für das Wohlergehen des Träumers sorge. Damit nahm er die ein Jahrzehnt später erfolgende Entdeckung der experimentellen Traumforscher vorweg.
1948	Carl Gustav Jung veröffentlicht *Vom Wesen der Träume.*
1949	Erich Fromm definiert das Träumen als eine Art von geistiger Tätigkeit, die nicht den Handlungszwängen des Wachlebens unterworfen ist, ein „Reich der Freiheit", in dem sich das „wahre Selbst" unbehindert vom „Lärm der Kultur" besser offenbaren kann.
1949	Das *Lehrbuch der Traumanalyse* von Harald Schultz-Hencke erscheint.

Alphonse Maeder: Die prospektive Funktion des Träumens

Der Schweizer Psychotherapeut Alphonse Maeder schlug in seiner Schrift *Das Traumproblem* wichtige Ergänzungen und Erweiterungen gegenüber dem Freudschen Werk vor. Insbesondere vertrat er die Ansicht, daß Freuds Ansatz der Traumdeutung lediglich zu einem retrospektiven Verständnis des Traums führen würde, also zu der Interpretation, wonach ehemalige und unerfüllt gebliebene Kinderwünsche sich im Traum ausdrücken. Damit habe Freud jedoch die vorausschauende Funktion des Träumens ausgeklammert. In dieser Auffassung von Maeder war implizit die Einschätzung erhalten, daß im Traum auch der Versuch einer Anpassung an gegenwärtige emotional bedeutsame Probleme und deren Lösung unternommen wird. Der Traum zeige somit auch die Problemlösungskapazität aufgrund der im Gedächtnis gespeicherten Ressourcen und deren Kombinationsmöglichkeiten. Manche geträumte Problemlösung erscheint damit als vorausschauend.

So träumte z.B. ein Patient, der seit Wochen darüber grübelte, ob er ein für seine Verhältnisse riskantes Geschäft tätigen sollte, daß er an einer hohen Klippe stand und plötzlich spürte, wie die Steilküste, die überwiegend aus Sand bestand, unter seinen Füßen nachzugeben begann. Zu spät, um sich in Sicherheit zu bringen, war der einzige Gedanke, daß dies seinen Tod bedeuten würde. Zu seiner Verwunderung blieb er aber aufrecht stehen und rutschte mit dem nachgebenden Sand in aufrechter Position 30, 40 Meter tief nach unten. Angst überfiel ihn nun erst bei dem Anblick der steil aufragenden Wand und bei dem Gedanken, wieder nach oben gelangen zu müssen, ohne Halt an dem fast senkrechten und noch dazu sandigen Hang zu finden, der bei jeder Bewegung weiter abzurutschen drohte. Da entdeckte er plötzlich seine Frau, die ihn an die Hand nahm, um die Klippe herumführte und ihm einen sicheren Weg zurück zeigte.

Nach dem Aufwachen war dem Träumer unmittelbar klar, daß er sich nun für das Unternehmen entscheiden könne, da er genügend Vertrauen in sich besaß, um auch auftretende Risiken bewältigen zu können. In seinem Erleben wies dieser Traum eine prophetische Kraft auf, die ihm noch lange in Erinnerung blieb.

Aus heutiger Sicht muß Maeders damals noch sehr ketzerischer Auffassung gegenüber Freud zugestimmt werden. Träume haben tatsächlich auch einen vorausschauenden Anteil, wenn sie dem Wachbewußtsein nicht zugängliche Problemlösungsoperationen, die aus der Vergangenheit stammen, mit dem gegenwärtigen Problem kombinieren und nicht zuletzt auch aufgrund einer kreativen Neuanordnung zu bislang nicht beachteten oder gekannten Antworten gelangen.

Deshalb verwundert es auch nicht, daß Maeders Auffassung von dem deutschen Neopsychoanalytiker Harald Schultz-Hencke wie von Thomas French und Erika Fromm wieder aufgegriffen wurde, ehe sie ab den sechziger Jahren zu einem zwar nicht in der gesamten psychoanalytischen Gemeinschaft anerkannten Theorie-Bestandteil wurde, aber doch bei der Interpretation von Träumen intuitiv Verwendung fand.

Alfred Adler: Träume als charakteristischer Ausdruck eines Menschen

Der Beitrag Alfred Adlers zum Traum wird von vielen Autoren eher als unbedeutend bezeichnet, vor allem auch deshalb, weil er im Unterschied zu Freud keine einheitliche Theorie des Traums und seiner Deutung geschaffen hat. Dennoch läßt sich Adlers Bedeutung für die Traumlehre darin erblicken, daß er den Traum nicht als partikulare Erscheinung, sondern als Ausdrucksform des Lebensstils eines Menschen betrachtete, was für ihn bedeutete, daß das Traumleben ebenso ein Teil des Ganzen sei wie das wache Leben. Nur die genaue Kenntnis des Lebensstils einer Person führe zu einem exakten Traumverständnis, weshalb Adler auch die bei Freud zwar nicht durchgängige, aber doch immer wieder auffindbare Behauptung der universellen Bedeutung von Traumsymbolen zurückwies. Daß in den Träumen sehr persönliche Probleme des jeweiligen Menschen zum Ausdruck kommen, wird heute kaum noch bestritten.

C. G. Jung: Träume – Verhüllte Kinderwünsche oder Mitteilungen des kollektiv Unbewußten?

Stellt nach Freud der Traum einen verschleierten und manchmal nur noch mühevoll zu enthüllenden Ausdruck verdrängter Kindheitswünsche des einzelnen dar, so ist er nach Carl Gustav Jung nicht selten auch Mitteilung des kollektiv Unbewußten, in dem sich kulturelle Archetypen, Vor- und Leitbilder der Menschheit über Äonen von Generationen hinweg immer wieder Geltung verschaffen.

Jungs Auffassungen über den Traum finden sich über viele Aufsätze verteilt. Im Unterschied zu Freud schuf er – wie auch Adler – keine größere zusammenhängende Arbeit über dieses Thema. Dennoch haben Jung Träume und die darin zum Ausdruck kommenden Symbole ein Leben lang fasziniert. Die im Rahmen der von ihm gegründeten Schule der analytischen Psychologie konzipierte Traumauffassung und -interpretation gilt als Gegenpol zu der Freudschen Lehre über den Traum und hatte in der psychologischen und medizinischen Fachwelt aufgrund ihrer Archetypenlehre eher den Ruf des Esoterischen. Um so erstaunlicher ist es, daß in der Gegenwart Autoren, die der psychoanalytischen Selbstpsychologie nahestehen, wie z. B. James Fosshage, aber auch Forscher, die neuere neuropsychologische und physiologische Befunde miteinbeziehen (wie z. B. Jonathan Winson, 1985; Stewart Gabel 1988, 1989, 1991) einige der Jungschen Theoreme rehabilitieren. Insbesondere gilt dies für seine Auffassung, daß der manifeste Traum eine metaphorische Zustandsbeschreibung des Selbst des Träumers darstellt. Nach Jung konfrontiert uns der Traum vor allem mit dem im Tagesgeschehen und -erleben vernachlässigten Aspekten unseres Selbst. Statt eines Traumzensors und der Verdrängung betonte Jung die Notwendigkeit, zwischen den verschiedenen Teilen im Traum eine Verbindung herzustellen, um psychisches Wachstum zu fördern. Der Traum enthält eine Einschätzung über den Träumer – vor allem auch über Ungelebtes –, die mehr über ihn aussagt, als der Träumer in seinem bewußten *Selbstverständnis* von sich wahrnehmen kann.

Jemand, der im Wachzustand zum Beispiel ausschließlich verstandesorientiert an die Lösung eines Problems herangeht, entdeckt im Traum die vernachlässigte komplementäre Klärung in Form der bislang ausgeschlossenen Gefühle und intuitiven Lösungsmodi. Ein überwiegend als Tatmensch imponierender Träumer wird sich der von ihm bislang stiefmütterlich behandelten Tendenzen nach Gelassenheit, dem Mit-sich-geschehenlassen-Können, Muße und Beschaulichkeit gewahr.

Insofern weist Träumen – genauer gesagt, das Wahrnehmen der nächtlichen Träume, das Nachdenken darüber und die Umsetzung des Erkannten in entsprechende Handlungen – auch eine Selbstheilungstendenz der Seele auf.

Aber auch für Freud, der allerdings dem phylogenetischen Aspekt der Trauminhalte nur wenig Bedeutung beimaß, stellte das Träumen eine einmalige Möglichkeit dar, mit verdrängter und abgespaltener, nicht gelebter und verkümmerter Lebendigkeit konfrontiert zu werden. Freilich tarnen sich die einstmals aus Angst unterdrückten Wünsche; sie sind deshalb nicht nur Kinder der Nacht und des Traums, sondern lassen sich auch nur behutsam und mit viel Einfühlung in das verschämte und verschreckte Wachbewußtsein locken. Auch wenn diese Übersetzungsarbeit heutzutage variabler als bei Freud geschieht, manchmal – so die heutigen psychoanalytischen Trauminterpreten – sich die unsterblichen Kinderwünsche auch unverstellter zeigen, bleibt doch der Gedanke in der Psychoanalyse unabweisbar, daß die einstmals abgewehrten Wünsche sich nicht umstandslos dem Träumer darbieten. Das würde die Quintessenz des psychodynamischen Denkens für den Traum obsolet erscheinen lassen. Denn auch die nicht bewußte Informations- und Wunschverarbeitung, die per Aufnahme der Tagesreste zur Traumgenerierung führt, gehorcht nach psychoanalytischer Auffassung psychodynamischen Prinzipien, ständigen Aushandelungsprozessen zwischen Wünschen und dagegen gerichteter Abwehr, sei es aus konflikthaften und/oder traumatischen Gründen.

Eine Gefahr der Jungschen Auffassung wie auch eines Teiles der selbstpsychologischen Richtung besteht deshalb wohl darin, die Psychodynamik im Traum zu stark zu reduzieren und auf diese Weise dem manifesten Traum allein vivisektorische und prophetische Kraft zuzusprechen. Nach der Jungschen Schule gilt es nur die im manifesten Traum aufscheinenden Metaphern und Bilder unter Hinzuziehung archetypischer Symbole dem Träumer zu übersetzen und Aspekte vergangener Mythen amplifizierend hinzuzufügen.

Solange diese sogenannte Amplifizierung nicht in die Absicht ausartet, den Patienten imponieren zu wollen oder ihn zu belehren, kann dies auch aus psychoanalytischer Sicht durchaus zu einer Bereicherung führen.

Tab. 7: Einige Aspekte der Traumpsychologie von Freud und Jung

Freudsche Traumpsychologie	Jungsche Traumpsychologie
Der manifeste Traum entsteht aufgrund der Tätigkeit des Traumzensors, der den Versuch unternimmt, die auch im Schlaf andrängenden Wünsche derart zu verschleiern, daß sie für den Träumer nicht erkennbar werden können und damit den Schlaf nicht stören.	Der Traum ist die symbolische Darstellung eines unbewußten Inhalts, hingegen kein absichtlich verhüllter und deshalb aufwendig zu entschlüsselnder Inhalt.
Die Rekonstruktion des latenten Traumgedankens erlaubt eine Identifizierung der verdrängten Wünsche, die der Betreffende bis zum heutigen Tag verdrängen muß und nicht in sein bewußtes Selbstverständnis integrieren kann.	Der Traum enthält eine wichtige Botschaft über den Träumer, die in einer metaphorischen und symbolischen Sprache zum Ausdruck kommt. Der Traum konfrontiert den Träumer mit den ungelebten Seiten seiner Persönlichkeit oder eines Problems, das ihn beschäftigt.
Träumen erlaubt eine partielle Abfuhr der unterdrückten Kinderwünsche im Schlaf; ohne das Träumen würde der neurotische Konflikt tagsüber eine Intensivierung erfahren.	Für die seelische Entwicklung ist es wichtig, diese Botschaft des Traums in das bewußte Erleben zu integrieren, das sich zunächst gegen die Einsichten wehren kann, die im Traumbewußtsein erkennbar werden.

Die Jungsche Auffassung von Anima und Animus, das heißt die unbewußt weiblichen Züge im Mann und vice versa, muß vor dem Hintergrund zeitgenössischer Theorien über die überwiegend sozialkonstruktivistische Herstellung von Weiblichkeit und Männlichkeit allerdings neu durchdacht werden. Heute mehren sich die Stimmen, die in den archetypischen Erfahrungen des von Jung postulierten kollektiven Unbewußten phylogenetisch vererbte Informationsverarbeitungsmuster sehen, die vergleichbar den Kantschen apriorischen Kategorien unbewußte Ordnungseinheiten darstellen. In ihnen erhalten grundlegend soziale Erfahrungen, wie z. B. die Sehnsucht nach dem Mütterlichen oder Väterlichen, eine Anreicherung durch die stammesgeschichtlichen Erfahrungsniederschläge.

Träume sind nach Jung Geschichten über uns selbst und unser Weltempfinden; in ihnen kommen abgewehrte Anteile des Träumers zum Vorschein.

So träumte z. B. ein Patient, daß auf sein sorgsam gepflegtes Gartengrundstück Teilnehmer der Love-Parade in Berlin eindrangen und dort zu Dutzenden, wenn nicht zu Hunderten ihre Notdurft verrichteten, was er hilflos mit ansehen mußte und was ihn auch stark empörte.

Aus seiner Kenntnis dieses Patienten könnte der jungianisch vorgehende Therapeut vermuten, daß es sich hierbei um abgewehrte Wünsche nach Sich-gehen-Lassen und nach Aufgeben eines rigiden Sich-kontrollieren-Müssens handelt, die der sehr korrekte, pflichtbewußte und aggressionsgehemmte Patient im Wachleben nicht zulassen durfte. Die eher Freudianische Sichtweise, daß aus exhibitionistischen und genitalen Triebwünschen – es handelte sich ja um Teilnehmer einer Love-Parade – regressiv anale und urethrale Impulse werden und daß andere Menschen, in denen Eltern- und Geschwistererfahrungen zum Ausdruck kommen, ihn mit ihren regressiven Bedürfnissen überschwemmen, würde den Jungianer vermutlich ebenso nur am Rande interessieren wie die ich- und objektbeziehungspsychologische Perspektive von brüchigen Ichgrenzen, die ein Eindringen übermäßiger Stimulation in ein schwaches Ich nicht verhindern können. Vielleicht würde er in der Gartenszene auch eine Kulthandlung erblicken, die sich vor Jahrtausenden ereignet hat und mit dessen Mysterium der Patient in seinem Traum wieder in Kontakt tritt. Gemäß der jungianischen Traumdeutung müssen aber nicht erst umfangreiche Dechiffrierarbeiten eingesetzt werden, um den Sinn eines Traumes zu erraten; der manifeste Traum kann unter Berücksichtigung der symbolischen und metaphorischen Ausdrucksweisen direkt dem Patienten übersetzt werden. Eine absichtliche Entstellung durch einen Traumzensor braucht nach Jung deshalb auch nicht angenommen zu werden, vielmehr kann der kompensatorische Gehalt direkt dem Traumtext entnommen werden. Das schließt selbstverständlich nicht aus, daß das Gewahrwerden der kompensatorischen Erlebnismöglichkeiten eine überraschende und mitunter auch erschütternde Wirkung hat. Die Integration dieser bislang zu wenig oder gar nicht berücksichtigten Antriebsbereiche und Erfahrungen in das eigene Selbstverständnis schafft nach Jung ein ganzheitlicheres Selbstempfinden, das Ausdruck seelischer Gesundheit ist. Der Jungianer und Traumforscher Montague Ullman vergleicht das Traumerleben mit einem Beobachterstandpunkt, der sich außerhalb der eigenen, notwendigerweise beschränkten Sicht über sich selbst befindet. Diese Meta-Perspektive gleicht einer Kamera, die aus großer Entfernung die psychischen Lebensräume des Betreffenden erfaßt, die die Person selbst nicht wahrnehmen kann.

Die von Jung bevorzugte Subjektstufendeutung ist später auch Bestandteil der modernen psychoanalytischen Theorie der Trauminterpretation geworden; sie geht davon aus, daß die im Traum auftretenden Akteure, Gegenstände oder Landschaften als subjektive Erlebnisanteile des Träumers betrachtet werden,

Der New Yorker Psychoanalytiker Stewart Gabel hat vermutet, daß die nachweisbare tendenziell stärkere rechtshemisphärische Aktivität des Gehirns während des REM-Schlafs dafür spricht, daß die andersartige Informationsverarbeitung im Traum gegenüber dem Wachleben dominiert; er sieht darin eine Stützung für die Jungsche Hypothese der Komplementarität des Traumerlebens.

Samuel Lowy: Träumen als ein kontinuierlicher Prozeß im Schlaf

Samuel Lowy, der auf Ideen des schwedischen Psychotherapeuten Bjerre (1936) zurückgriff, vertrat die Auffassung, daß Träumen ein kontinuierlicher Vorgang im Schlaf sei, der für das Wohlergehen des Träumers sorge. Damit nahm er die ein Jahrzehnt später erfolgende Entdeckung der experimentellen Traumforscher vorweg. Durch die verdichtende Wirkung der Traumsymbolik würden Vergangenheit und Gegenwart verschmolzen. Auch dieser Umstand verleihe dem seelischen Leben Kontinuität und Kohärenz. Wichtig an seiner Argumentation ist, daß in ihr das Träumen einen absichtsvollen psychologischen Prozeß darstellt, der aber dennoch eine grundlegend andere Funktion als das Wachleben ausübt. Die Traumerinnerung ermöglicht aus Lowys Sicht, daß die im Traum enthaltene Information für die Problemlösungsaktivität des Wachbewußtseins genutzt werden kann.

Die Trauminterpretation besteht nach Lowy nicht einfach aus dem Rückgängigmachen der verschleiernden Aktivität des Traumzensors und auch nicht in der Entschlüsselung von Botschaften, die aus dem Unbewußten dem Wachbewußtsein zugänglich werden, sondern sie ist eine Tätigkeit, die den Inhalt des Traums mit anderen Aspekten der Erfahrung einer Person verknüpft. Sie geht hierbei über die unbewußte adaptive Tätigkeit des in der Regel nicht erinnerten Traumes hinaus und stellt eine neue Erfahrung bereit. Über die unbewußte adaptive Tätigkeit des Traums wußte Lowy noch nicht allzu viel auszusagen. Er folgte weitgehend der Auffassung von C. G. Jung, daß es im Traum zu einer kompensatorischen oder komplementären Reorganisation des Wacherlebens kommt. Lowy konnte jedoch eine entscheidende Ergänzung zu Jung beisteuern: Er betrachtete den Traum als die Herstellung von Verbindungen zwischen gegenwärtiger und vergangener Erfahrung; damit kam er bereits späteren Autoren sehr nahe, die das Träumen als einen Vorgang der Integration und Konsolidierung von Erfahrungen betrachten.

Harald Schultz-Henckes Traumlehre: Eine tiefenpsychologische Synthese

Der in Berlin lehrende und wegen seiner pragmatischen Haltung zum nationalsozialistischen Regime später von der

Internationalen Psychoanalytischen Vereinigung inkriminierte Harald Schultz-Hencke hatte nicht nur den Anspruch, das „Jüdische“ in der Lehre Freuds zu tilgen, sondern auch eine Synthese der drei großen Tiefenpsychologen Freud, Adler und Jung vorzunehmen. Mit seiner Vorliebe für Systematiken schuf er in seinem *Lehrbuch der Traumanalyse* (1949) ausgedehnte Modelltafeln über die verschiedenen, von ihm postulierten Antriebserlebnisse, wie z.B. das oral-kaptative, anal-retentive, geltungsstrebige, aggressive, zärtliche, hingebende, sexuelle und erotische Antriebserleben.

Im Traum, ebenso wie in ausgedehnten Tagtraumphantasien, holt der Mensch das aufgrund neurotischer Hemmungen am Tage nicht Erlebte nach. Träume haben nach Schultz-Hencke wie schon bei Maeder und Jung überwiegend kompensatorischen Charakter: Der oral gehemmte Mensch träumt sich vor vollen Tafeln, der Hingabegehemmte kann sich im Traum vertrauensvoll anlehnen und die Situation genießen, der sexuell Gehemmte erlebt sinnliche Höhepunkte, der aggressiv Gehemmte setzt sich in seinen Träumen auf konstruktive und gekonnte Weise durch, kann fordern, sich abgrenzen, Nein sagen u.a.m. Wenn die Angstanteile jedoch selbst im Traum noch sehr stark sind, sorgen Verdichtung und Verschiebung dafür, daß nur noch winzige Hinweise auf die ursprünglichen Antriebe erkennbar sind, die es dann aufgrund der Assoziationen des Träumers sorgfältig zu rekonstruieren gilt.

4. Psychoanalytische Traumforscher nach Freud (Zweite Hälfte des 20. Jahrhunderts)

Die meisten der in der zweiten Hälfte dieses Jahrhunderts erfolgten Ergänzungen und Revisionen der Freudschen Traumlehre betonen vor allem den problemlösenden Aspekt des nächtlichen Traumgeschehens. Wenn man unter Problemlösung allerdings nicht nur einen isolierten kognitiven Vorgang versteht, sondern eine umfassendere, auch Emotionen und Wünsche einbeziehende Tätigkeit, dann erscheint der Abstand zu der ursprünglichen Auffassung von Freud nicht mehr derart groß zu sein, wie er in manchen Publikationen dargestellt wird, die eine tiefe Kluft zwischen den Funktionen der Wunscherfüllung und derjenigen der Problemlösung konstruieren.

Tab. 8: Einige überwiegend psychoanalytische Traumforscher in der zweiten Hälfte des 20. Jahrhunderts

1954	Thomas French postuliert für den Traum eine kognitive Struktur, die die verschiedenen Bedeutungsebenen logisch miteinander verknüpft, im Sinne einer Vernetzung kognitiver Felder. Träumen ist problemlösendes Denken in einer überwiegend bildhaften Sprache im Schlaf.
1954	Erik H. Erikson plädiert für die Aufwertung des manifesten Traums (der bei Freud wie „eine nutzlose Nußschale weggeworfen" würde) und zeigt dies anhand einer Reanalyse des Irma-Traums auf.
1955	Mark Kanzer betont die – bereits schon von Ferenczi (1913) beobachtete – kommunikative Funktion des Träumens.
1960	Mehrere psychoanalytische Traumforscher (wie z. B. Greenberg, Palombo) fassen die Möglichkeit ins Auge, daß während des Traumzustands Informationen aus dem Kurzzeitgedächtnis in das Langzeitgedächtnis übernommen werden.
1964	Thomas French und Erika Fromm stellen die Hypothese auf, daß die primäre Aufgabe des Träumens darin besteht, für aktuelle emotional belastende Beziehungsprobleme eine Lösung zu finden.
1966	Ramon Greenberg behauptet: Träumen stellt einen Verarbeitungsschritt bei dem Transfer von neu erworbenen Informationen zum Langzeitgedächtnisspeicher dar.

1972 Marshal Edelson behandelt das Träumen analog der Produktion von Sprache im Rahmen einer Transformationsgrammatik des Traums.

1976 Stanley Palombo vertritt die Überzeugung, daß Träumen dazu dient, die tagsüber nicht ausreichend verarbeiteten Probleme mit Hilfe der im Langzeitgedächtnis gespeicherten Lösungsstrategien zu interpretieren und sie ins Langzeitgedächtnis zu integrieren.

1978 Das Werk *A Grammar of Dreams* des kognitiven Traumforschers David Foulkes erscheint.

1979 Charles Rycroft spricht von der „Unschuld der Träume". Symbolisierung – so seine These – ist ein natürlicher psychischer Vorgang und kein Abwehrvorgang zum Zweck der Kaschierung einer Bedeutung, die dem Träumenden nicht bewußt werden darf. Träumen ist die Tätigkeit der Phantasie im Schlaf. Im Unterschied zum bewußten Ich wird im Traumbewußtsein eine größere Lebensspanne fokussiert.

1982 Stanley Palombo kann mit Hilfe des psychoanalytischen Verstehens von Träumen und der Aufweckmethode im Traumlabor den Nachweis erbringen, daß assoziatives Material während der analytischen Stunde in den Träumen der folgenden Nacht durchgearbeitet und vergangenen Erinnerungen aus früheren Erfahrungen angeglichen wird; zwischen den einander überlagernden Erfahrungen aus Gegenwart und Vergangenheit werden assoziative Verbindungen hergestellt. Das Träumen spiegelt diesen Angleichungsprozeß wider.

1984 Donald Meltzer kritisiert vier zentrale Theoreme Freuds: den Traum als Hüter des Schlafs, den Traum als Wunscherfüllung, die Theorie des latenten Trauminhalts, die Traumzensur.

1987 Andreas Hamburger nimmt eine Synopsis der bisherigen psychoanalytischen und neuropsychologischen Arbeiten zum Traum vor und setzt sich insbesondere mit dem Kindertraum auseinander.

1990 Jonathan Winson bezeichnet Träumen als eine Methode der Erinnerungsverarbeitung, die der Mensch von niederen Arten geerbt hat und mit deren Hilfe er für das Überleben wichtige Informationen im REM-Schlaf weiterverarbeitet.

1992 Heinrich Deserno zeigt den funktionalen Zusammenhang von Traum und Übertragung auf.

1992 Stanley Palombo beschreibt die Traumarbeit mit Hilfe konnektionistischer Modellvorstellungen und schlägt damit eine Brücke zur Kognitionspsychologie und zur Neurowissenschaft.

1992 Inge Strauch und Barbara Meier stellen Ergebnisse der experimentellen Traumforschung vor.

1992 Erdmute Struck vergleicht den Traum in Theorie und therapeutischer Praxis aus psychoanalytischer und daseinsanalytischer Sicht.

1992 Wolfgang Leuschner und Stephan Hau vom Frankfurter Sigmund-Freud-Institut demonstrieren den Einfluß künstlich induzierter Tagesreste im Traum.

1995 Stavros Mentzos betont die schöpferische Funktion des Traumes, v. a. von Traumsequenzen.

1996 Ulrich Moser und Ilka von Zeppelin integrieren Befunde der Entwicklungs-, der Affektpsychologie und der Informationstheorie zu einem Modell der Traumgenerierung und entwerfen ein neues Kodiersystem.

1996 Mark Solms veröffentlicht eine klinisch-anatomische Studie über die Neuropsychologie des Traums.

1998 Gaetano Benedetti legt eine umfassende Synthese bislang als gegensätzlich gedachter Funktionen von Träumen in Form funktionaler Gegensatzpaare vor.

1999 Michael Schredl gibt einen instruktiven Überblick über viele Jahre Schlaf- und Traumforschung am Mannheimer Zentralinstitut für seelische Gesundheit.

Thomas French und Erika Fromm: Fokalkonflikte in Traumsequenzen

Thomas French und Erika Fromm erforschten – wie auch der Psychologe Calvin Hall (1953, 1966) – vor allem Traumsequenzen, eine von Freud vernachlässigte Thematik. French konnte die thematische Beziehung zwischen Träumen dokumentieren, die in einer Nacht auftraten, und den darauffolgenden Träumen aus Nächten über eine Periode von mehreren Monaten hinweg. French führte den Seriencharakter von Träumen auf den unbewußten Durcharbeitungsprozeß zurück, der analog dem bewußten Durcharbeiten in einer psychoanalytischen Therapie geschieht. Jeder neue Traum bearbeitet etwas andere Aspekte desjenigen Konflikts – von French Fokalkonflikt genannt –, der den Träumer im Wachleben über Tage und Wochen oder gar Monate hinweg beschäftigt. French und Fromm konnten überzeugend nachweisen, daß Träume in einer Serie auf solche Situationen und Konflikte in der Vergangenheit des Träumers aufmerksam machen, die emotionale Verbindungen zu gegenwärtigen Konflikten aufweist. Die Konfliktsituationen der Vergangenheit werden vom Träumer gleich daraufhin überprüft, ob sie Lösungsmöglichkeiten für den gegenwärtigen ungelösten Konflikt enthalten.

Diese Auffassung kommt der in der Gegenwart bevorzugten Hypothese schon sehr nahe. Allerdings berücksichtigt sie nicht die von Lowy getroffene Unterscheidung zwischen einer Problemlösung, die ohne jegliche Interpretation Nacht für Nacht geschieht, und dem zusätzlichen Gewinn, den man mit Hilfe einer expliziten Trauminterpretation erzielt.

Palombo konnte nachweisen, daß eine Traumsequenz eine Abfolge von Träumen *und* Bearbeitungen dieser Träume im Wachleben darstellt. Der Aspekt der Durcharbeitung einer Traumserie ist gleichsam ein joint venture von Aktivität im Wachleben, die in den Traum eingefügt wird, und dem Traum selbst. Berücksichtigt man diese Erweiterung nicht, unterstellt man wie French und Fromm der nächtlichen Traumarbeit zu viel an Problemlösungskompetenz. Sicherlich wird eine Unmenge an Erlebtem in den Träumen selbst synthetisiert; aber vor allem stark konflikthafte Themen bedürfen einer zusätzlichen Bearbeitung im Wachleben.

Träumen als Gedächtniskonsolidierung und Problemlösung

Die Idee, daß Träumen der Gedächtniskonsolidierung dient, daß Information aus dem Kurzzeitspeicher mit Erfahrungen aus dem Langzeitgedächtnis abgeglichen wird, lag zwar schon länger in der Luft, aber erst gegen Ende der sechziger Jahre haben verschiedene psychoanalytische Autoren dies als explizite Hypothese formuliert und mit theoretischen Überlegungen und Befunden zu untermauern versucht (so z. B. Greenberg und Leiderman, 1966; Breger, 1967; Dewan, 1967; Greenberg et al., 1968). Ramon Greenberg und andere (1970) haben diese Hypothese dahingehend spezifiziert, daß die Erfahrungen, die eine Person tagsüber macht, verschiedene ungelöste Konflikte aus der Vergangenheit berühren; dies führt dazu, daß zuvor unbewußte Wünsche, Emotionen und Erinnerungen über manche ihrer Abkömmlinge vorbewußt werden können. Träumen integriert so die angeregten Wünsche, Emotionen und Erinnerungen aus der Vergangenheit und macht sie wieder unbewußt, zusammen mit den Erfahrungen, durch die diese Wünsche ausgelöst worden sind. Im Traumvorgang benützt jede Person ihre spezifischen Abwehrformationen, um mit den durch die Tagesereignisse provozierten, konflikthaften Wünschen und Emotionen umgehen zu können.

Wenn unsere Erfahrungen am Tage prinzipiell immer wieder eine Möglichkeit mit sich bringen, frühere ungelöste Konfliktsituationen zu einem guten Ende zu bringen, dann kann dies während des Träumens besonders gut bewerkstelligt werden. Die meisten dieser Träume werden uns allerdings gar nicht bewußt. Wenn unsere früheren fehlgeschlagenen Konfliktlösungen sich jedoch von neuen Erfahrungen nicht beeindrucken lassen, setzen sich die alten Konfliktkonstellationen erneut durch, was dazu führt, daß im Traum in unterschiedlicher Intensität Unlust, Angst, Scham und weitere negative Affekte erlebt werden und wir häufig auch aus einem solchen Traum erwachen. Das Team um Greenberg (1970) fand aufgrund seiner Traumdeprivationsstudie überzeugende Belege für die Hypothese, wie wichtig Träumen für diese Integrationsaufgabe ist. Hindert man Versuchspersonen über mehrere Nächte hinweg am Träumen (siehe Kap. 6), kommt es in der Regel jedoch nicht zu einer Beeinträchtigung von einfachen kognitiven Lernfunktionen (z. B. wenn lange Listen von Wortpaaren gelernt werden mußten), was dafür spricht, daß eine rein kognitive Gedächtniskonsolidierungshypothese nicht ausreichend ist.

Die in der Gegenwart so häufig anzutreffende Formel von einer Informationsangleichung während des Traumprozesses darf also nicht dahingehend mißverstanden werden, daß hierbei nur semantische Wissensbestände (Welches Land ist die drittgrößte Exportmacht? Wie viele uneheliche Kinder hatte Präsident Mitterrand?) ein up-dating erfahren. Vielmehr scheint es beim Träumen im REM-Schlaf vor allem um das Lösen emotional relevanter und konflikthafter Situationen zu gehen, die der Betreffende tagsüber erlebte. Diese sucht er nun im Traum mit prozeduralen, semantischen und episodischen Gedächtnisinhalten, die wiederum in autobiographisch konflikthafte Erfahrungen eingebettet sind, in Verbindung zu bringen.

Bei diesem adaptiven Angleichungsprozeß kommen durchaus Abwehroperationen ins Spiel, die aber nur noch bedingt mit dem Freudschen Zensor verglichen werden können. Diese defensiven Manöver können zum einen emotional hoch besetzte Tagesreste, die für die Speicherung ins Langzeitgedächtnis vorgesehen waren, durch relativ harmlose ersetzen; der emotional konflikthafte Tagesrest kann für mehrere Tage im Kurzzeitgedächtnis verbleiben, selbst wenn er durch Abwehr in einem oder mehreren Träumen getilgt worden ist. Wenn der Konflikt, der die Ersetzung des konflikthaften Tagesrestes durch einen harmlosen erzwang, z.B. im Lauf der Therapie durchgearbeitet worden ist, kann der ursprünglich konflikthafte Tagesrest wieder zugelassen werden und in einem weiteren Traum dem Langzeitgedächtnis eingefügt werden.

Geglückte und mißglückte Matching-Prozesse im Traum

Im Zusammenhang mit der in den achtziger Jahren noch sehr beliebten Computermetapher des menschlichen Geistes betonte Palombo (1987) die Ähnlichkeit zwischen dem menschlichen Träumen und einem Computer: Wie auch das menschliche Gehirn, so verfügt ein Computer über zwei getrennte Informationsverarbeitungen: Eine ist im direkten Kontakt mit der Umwelt, und die andere verarbeitet die im Inneren des Computers gespeicherte Information. Überträgt man dies auf das menschliche Gehirn, so finden die Aufnahme und anfängliche Registrierung neuer Informationen während eines turbulenten Arbeitstages im Kurzzeitgedächtnis statt, während die Integration dieser neuen Informationen in ein organisiertes Langzeitgedächtnis erst vorgenommen werden kann, wenn die Tagesarbeit abgeschlossen ist.

Anhand dieser Analogie läßt sich noch ein weiterer wichtiger Sachverhalt erläutern: Das träumende Gehirn muß gleichsam über eine hochdifferenzierte Kompetenz verfügen, um die speicherungswürdigen Inhalte des Wachlebens auswählen, bewerten und sie an die geeigneten Stellen des Netzwerkes innerhalb der Langzeitgedächtnisspeicher situieren zu können. Anhand der wörtlich protokollierten Inhalte einer analytischen Stunde und der in der darauffolgenden Nacht geträumten Inhalte konnte Palombo (1978) ähnlich wie Greenberg und Pearlman nachweisen, wie das assoziative Material einer Analysestunde in den anschließenden Träumen durchgearbeitet wird und an bereits vorhandene Gedächtnisinhalte angeglichen wird. Während dieses Matching-Prozesses werden die Repräsentationen bedeutsamer Tagesereignisse gleichsam über ähnliche Ereignisse in der Vergangenheit gelegt oder – in Freudscher Terminologie ausgedrückt – verdichtet. Wenn das zusammengesetzte Bild eine relativ kohärente Struktur aufweist, in der gemeinsame Elemente der beiden Erfahrungen verstärkt werden, wird ein assoziatives Verbindungsglied zwischen den vergangenen und gegenwärtigen Erfahrungen im Langzeitspeicher gebildet. Ein Traum stellt eine Reihe von übereinandergelegten Bildern dar, in denen ein derartiger Matching-Prozeß auftritt.

Träume, bei denen dieser Angleichungsprozeß erfolgreich stattfindet, lassen den Träumer nicht aufwachen und können deshalb in aller Regel nicht erinnert werden. Ein Traum hingegen, bei dem dieses Matching nicht erfolgreich verläuft, erzeugt Angst oder unbehagliche Gefühle, die den Träumer aufwachen lassen und den Traum in das Wachbewußtsein überführen.

Der erinnerte Angsttraum wird zum Teil des Wachbewußtseins am darauffolgenden Tag und kann wiederum als Tagesrest in einen neuen Traum der nächsten Nacht Eingang finden. Diesen Traum nennt Palombo im Unterschied zum Indextraum Korrekturtraum. Ohne die aktive Assimilation, die im Korrekturtraum stattfindet, bleibt das Verständnis des Indextraumes, das im Wachbewußtsein (z. B. in der analytischen

Sitzung) erworben wurde, isoliert im Kurzzeitgedächtnis, bis es von neuen Erfahrungen überlagert und schließlich vergessen wird.

Das klassische psychoanalytische Traummodell hilft uns nicht zu verstehen, warum Träume hilfreiche Indikatoren des therapeutischen Fortschrittes sind. Träume sind zufällige Manifestationen unbewußter Triebimpulse, die durch zufällig entstehende Tageskonstellationen ausgelöst werden. Das von Palombo vorgelegte Modell sieht den erinnerten Traum als eine neue emotionale Konfiguration an, vor allem aber solche Träume, die einen Wendepunkt markieren. Freud habe zwar – so Palombo (1978) – diesen Mechanismus geahnt, konnte ihn aber noch nicht theoretisch konzeptualisieren. Erst aufgrund neuerer Befunde zur Physiologie des Traums und unter Zuhilfenahme von Konzepten aus kognitiver Psychologie und Cognitive Science wird es möglich, die informationsverarbeitenden Vorgänge, die während des Träumens geschehen, genauer zu konzeptualisieren.

So ist z. B. der von Palombo beschriebene Vergleich durch Überlagerung, bei dem sogenannte Familienähnlichkeiten aufgespürt werden, zwischen den neuen Erfahrungen, die während des vergangenen Tages gemacht wurden und denjenigen Ereignissen, die im Langzeitgedächtnis gespeichert sind, mit Hilfe der kognitiven Neurowissenschaften nunmehr viel besser verständlich. Der Sinn dieses Vergleichs mittels der Überlagerung ist die Schaffung von Verbindungen zwischen den neuen und alten Erfahrungen. Die Vorstellungswelt des Traums entsteht durch wiederholte Überlagerungen der neuen Eindrücke mit den gespeicherten Erfahrungsmustern. Der Traum ermöglicht damit eine Einlagerung der neuen Erfahrungen in das assoziative Netzwerk des Langzeitgedächtnisses. Der Vergleich durch Überlagerung ist eine grundlegende kognitive Aktivität auf diesem nicht bewußten Niveau der Informationsverarbeitung – nur noch in marginaler Hinsicht dem Freudschen Primärvorgang vergleichbar, weil zielgerichtet und adaptiv –, während die Informationsverarbeitungsmodi des Sekundärprozesses mit Logik und Syntax des *bewußten* Denkens zu tun haben. Psychoanalytiker haben sich in der Vergangenheit zuwenig mit den Vorgängen beschäftigt, die in der unbewußten Informationsverarbeitung ablaufen; mit ihrer zu engen Auffassung des Primärprozesses haben sie sogar die hochgradig adaptive Natur dieser unbewußten mentalen Vorgänge negiert und diese ausschließlich dem Sekundärprozeß zugeordnet. Sie haben sich gleichsam nur top down mit Informationsverarbeitung befaßt, mit der sequententiellen, linearen, überwiegend sprachlichen Form und dabei übersehen, daß die nicht bewußte Informationsverarbeitung um ein Vielfaches schneller arbeitet und deshalb auch simultan organisiert ist. Dies wird unmittelbar deutlich, wenn wir uns die Vielzahl an Bildern und Eindrücken, noch dazu aus unterschiedlichen Lebensaltern und Erlebniskontexten, vergegenwärtigen, die im Traum in Sekundenschnelle ablaufen. Freud konnte die Verdichtung nur als primärprozeßhafte *Abwehr*aktivität konzeptualisieren; sie ist aber eine höchst geniale Methode der unbewußten Informationsverarbeitung. Dennoch kam Freud dieser Erkenntnis schon erstaunlich nahe, wenn er die Verdichtung im Traum oder in anderen primärprozeßhaften Gebilden mit der von Galton beschriebenen Methode der Bestimmung von Familienähnlichkeiten mittels Übereinanderlegung von Familienfotos verglich. Der Vergleich durch Überlagerung, der vermutlich die höchste Stufe der mentalen Aktivität bei den niederen Säugetieren darstellt, die ja alle die physiologischen Begleiterscheinungen des Traumzustands zeigen, repräsentiert auch einen enormen Fortschritt gegenüber dem ausschließlich reflexhaften Verhalten von Tieren unterhalb dieser Spezies. Denn dieser Informationsverarbeitungsmodus ermöglicht das Auffinden von gespeicherten Informationen für den erfolgreichen Umgang mit aktuellen Lebensproblemen. Und erst das Träumen bewerkstelligt die Verbindung der früheren Erfahrung mit dem gegenwärtigen Leben.

Erfolgreiche Anpassung, so weiß man heute besser als in den sechziger Jahren, als David Rapaport diese Frage zum ersten Mal ausführlich thematisierte, ist eng an die Fähigkeit eines Organismus geknüpft, Informationen aus der Umwelt zu beziehen und sie im Inneren des Organismus als bedeutungsvolle Konfigurationen zu speichern bzw. sie mit bereits vorhandenen Wissensbeständen in Übereinstimmung zu bringen.

Das Traummodell von Ulrich Moser und Ilka von Zeppelin

Auch die Schweizer Psychoanalytiker Ulrich Moser und Ilka von Zeppelin betrachten, wie alle neueren Autoren, das Träumen als einen informationsverarbeitenden Prozeß. Unser Gehirn ist sowohl im Wach- als auch im Schlafzustand ständig damit beschäftigt, Informationen zu bearbeiten, d.h. die inneren Landkarten und Arbeitsmodelle sozialer und dinglicher Wirklichkeiten an die neuen, am Tage erfahrenen Reizgegebenheiten zu adaptieren. Da wir aber im Wachzustand unmittelbar auf die Umwelt reagieren müssen und unsere bewußte Informationsverarbeitungskapazität ohnehin beschränkt ist, können wir nur zu einem Teil diese Herausforderung bewußt verarbeiten. „Schlaf eine Nacht darüber", sagt deshalb die Alltagspsychologie oder der Volksmund. In die kognitive Sprache unseres Computer- und Informationszeitalters übersetzt heißt dies, daß ein unterschiedlich großer Teil des tagsüber unverdaut und unbearbeitet Gebliebenen zwischengespeichert werden muß, bis er dann im Schlafzustand weiterverarbeitet werden kann. Während normalerweise unsere inneren Arbeitsmodelle immer wieder erneut überarbeitet werden können, verhält sich dies mit konflikthaften und traumatischem Material anders. Diese Datenkonstellationen verweigern gleichsam die Anpassung an neue Erfahrungen, stören aber nichtsdestotrotz die angemessene Aufnahme neuer Reize. Im Traum wird nun nach Moser und von Zeppelin immer wieder aufs neue versucht, eine Lösung oder eine bestmögliche Adaptation für diese maladaptiven, d.h. nur mangelhaft an die Realität angepaßten Erfahrungsmuster zu finden, die durch aktuelle Geschehnisse aktiviert worden sind.

Seit über 15 Jahren arbeiten diese beiden Psychoanalytiker und Traumforscher aus Zürich an einem Modell, wie der

Script

Traum *generiert* wird, um mit diesem Wissen auch Computersimulationen des Traumgeschehens vornehmen zu können. Die Generierung wie der Abbruch eines Traums werden von Moser und von Zeppelin stärker noch als im Modell von Palombo anhand der Qualität der den Traum begleitenden Affekte verstanden. Mittels Traumserien läßt sich beobachten, wie stark die Toleranz eines Träumers für wichtige, mit einem bestimmten Affekt erlebte Interaktionsszenen, z. B. im Verlauf einer Therapie, zunimmt.

Träumen: Das Fenster zum Unbewußten

In der zweiten Hälfte dieses Jahrhunderts wird somit von den meisten Traumforschern vor allem die problemlösende Funktion des Träumens betont.

Natürlich ist unser Denken auch tagsüber mit dem Lösen von Aufgaben beschäftigt. Diese reichen von einfachen Suchaufgaben über komplizierte Denkprobleme bis hin zu psychisch konflikthaften Themen, für die oftmals keine Lösung erreichbar scheint. Traumforscher, wie z. B. C. G. Jung, haben von jeher darauf aufmerksam gemacht, daß das Traumdenken kreativer, unbefangener und vielschichtiger ist als das Wachbewußtsein, das sich an gängige Bahnen der Problembewältigung hält. Berücksichtigt man nun die von Palombo beschriebene Mustererkennungs-Methode, die Vornahme eines Vergleichs durch Überlagerung, dann wird dieses überlegene Vermögen der unbewußten Informationsverarbeitung auch begrifflich faßbar. Es ist möglich, hierfür auch die psychoanalytische Terminologie der primärprozeßhaften Denktätigkeit heranzuziehen. Man muß sich dabei aber klarmachen, daß der kreative Reichtum dieser von Palombo beschriebenen Vorgehensweise das Resultat einer regelgesteuerten unbewußten Denktätigkeit ist und nicht ein archaisches, primitives und unstrukturiertes Geschehen widerspiegelt, das so bald wie möglich vom logisch-diskursiven, realitätsorientierten Denken abgelöst werden muß, wie Freud noch in Unkenntnis der nicht bewußten kognitiven Vorgänge angenommen hat. Das nicht bewußte Informationsverarbeitungssystem, mit dem sich kognitionspsychologische Forscher heutzutage befassen, ist unvergleichbar fähiger, komplexe Wissensstrukturen schneller und auf intelligentere Weise zu verarbeiten, als unser bewußtes Denken. Der größte Teil der Informationsverarbeitung, sowohl beim Erwerb sensomotorischer Fertigkeiten als auch bei der Ausführung kognitiver Operationen, geschieht nicht bewußt. Selbst wenn ein Zugang zu dieser Operationsebene vom Bewußtsein aus bestünde, könnte das Bewußtsein nichts damit anfangen, weil die Komplexität dieser unbewußten Denkoperationen viel zu hoch und die Verarbeitungsgeschwindigkeit für unser Bewußtsein nicht erfaßbar ist. Auch im Traum bekommen wir selbstverständlich keinen Zugang zu der Architektur und Arbeitsweise dieser Informationsverarbeitungsprozesse; aber wir erfahren, sofern wir uns an einen Traum erinnern können, etwas über das Resultat eines bestimmten Mustererkennungsprozesses. Somit ermöglicht uns das Träumen, wie schon Freud beschrieb, ein nicht selten ungemein aufschlußreiches Fenster zum Unbewußten.

Wenn man die hier angezeigte Methode der Traumdeutung befolgt, findet man, daß der Traum wirklich einen Sinn hat und keineswegs der Ausdruck einer zerbröckelten Hirntätigkeit ist (...)
(Sigmund Freud 1900, S. 140).

5. Neurophysiologische und neurobiologische Befunde und Hypothesen

Die Entdeckung des REM-Schlafs

Im Jahr 1953 ging die Nachricht von einer aufsehenerregenden Entdeckung durch die wissenschaftliche Welt: Ein Student namens Eugene Aserinsky und sein Lehrer Nathaniel Kleitman hatten in einem physiologischen Labor der Universität von Chicago beobachten können, daß Messungen mit dem Elektroenzephalogramm (EEG) und mit dem Elektrooculogramm (EOG) bei schlafenden Versuchspersonen ergaben, daß ein bestimmtes Aktivationsmuster im EEG mit schnellen Augenbewegungen (rapid eye movements = REM) korrelierte. Sie folgerten daraus, daß dieses Schlafstadium mit den schnellen Augenbewegungen mit Träumen assoziiert sein könnte. Das Aufwecken der schlafenden Personen erbrachte tatsächlich den Beweis, daß diese soeben geträumt hatten. Die beiden Forscher unterteilten den nächtlichen Schlaf in REM- und Non-REM-Phasen. Wenn die Versuchspersonen aus den Non-REM-Phasen aufgeweckt wurden, berichteten sie ebenfalls von Gedanken und Vorstellungen. Diese waren dem Wachdenken eher ähnlich, während die mentale Aktivität in den REM-Phasen durch eine stärkere Emotionalität und Bizarrheit imponierte. William Dement, ein Kollege von Kleitman, erhärtete die ursprünglichen Befunde und fügte wichtige Differenzierungen hinzu, vor allem hinsichtlich des Träumens in den Non-REM-Phasen. Auch David Foulkes, ein weiterer berühmter Traumforscher, konnte im Jahr 1962 den Nachweis erbringen, daß geistige Aktivität ebenfalls während des Non-REM-Schlafes geschieht.

Tab. 9: Unterschiede zwischen REM- und Non-REM-Schlaf

REM-Schlaf	Non-REM-Schlaf
– eher bildhaft, lebhaft, gelegentlich bizarr, mit vielen Emotionen und Symbolen – hat zumeist eine größere Bedeutung für den Träumer und kann nach dem Aufwachen besser erinnert werden	– eher gedanklich, verbal, rational begrifflich, realitätsorientiert, mit wenig Emotionen – hat eine geringere Bedeutung für den Träumer
psychoanalytisch: eher primärprozeßhaft	psychoanalytisch: eher sekundärprozeßhaft

Selbst wenn es schwierig oder gar unmöglich war, das Träumen auf die REM-Phase zu begrenzen, hatte nun die neurophysiologisch orientierte Traumforschung erstmals eine Möglichkeit an der Hand, die Dominanz der bis dahin in den USA vorherrschenden Freudschen Traumtheorie zu brechen. Wenige Jahre nach der Entdeckung des REM-Schlafs wurde eine eigene Forschungsorganisation gegründet, die *Association for the Psychophysiological Study of Sleep* (APSS), die in den sechziger Jahren Forschungsgelder in Höhe von mehr als 5% des Gesamtbudgets des *National Institute of Mental Health* erhielt. Tausende Studien zu physiologischen Einflußfaktoren des Schlafens und Träumens erschienen in den darauffolgenden Jahren, aber es gab nur ganz wenige Versuche, den physiologischen mit dem psychologischen Forschungsbereich zu verbinden. Eine der wenigen Ausnahmen bildeten die psychoanalytischen Arbeiten von Charles Fisher, Hubert Trosman, Roy Whitman, Helen A. Witkin in den USA und von Helmut Thomä in Deutschland. Diese Forscher untersuchten erstmals die Konsequenzen der physiologischen Schlaf- und Traumforschung für die psychoanalytische Theorie des Traums.

Wenn beide Zustände, der Non-REM-Schlaf und der REM-Schlaf, nicht nur bestimmte Charakteristika aufweisen und sich abwechseln, sondern auch periodisch bei jedem Menschen innerhalb einer Nacht wiederkehren, dann schien damit

Freuds Behauptung, daß unbewußte Wünsche nächtliche Träume auslösen, widerlegt zu sein. Nicht die Unterdrückung und Verdrängung kindlicher Phantasien und deren Sich-Geltung-verschaffen-Wollen im Traum schienen der Motor des Träumens zu sein, sondern offensichtlich neuronale Mechanismen des Hirnstamms, die den REM- und auch den Non-REM-Zustand auslösen. Erst geraume Zeit später dämmerte einigen Traumforschern, daß hierbei eine Verwechslung der Ebenen, der physiologischen und der psychologischen, stattgefunden hatte.

Auch die Freudsche These, daß der Traum der Hüter des Schlafes sei, schien nicht länger aufrechterhalten werden zu können. Viel eher müsse man annehmen, daß das Schlafen bzw. bestimmte Zustände während des Schlafs das Träumen überhaupt erst ermöglichen. Die Arbeiten von Aserinsky, Kleitman und Dement hatten zudem ja auch gezeigt, daß Traumentzug zu einem kompensatorischen Bemühen führt, den REM-Schlaf nachzuholen. Unabhängig von dem Bedürfnis nach Schlaf existiert somit offensichtlich ein Bedürfnis nach oder eine Notwendigkeit zum Träumen. So neigte man dazu, Freuds Diktum vom Traum als Hüter des Schlafs nachgerade umzudrehen zu der Formulierung: Der Schlaf ist der Hüter des Traums.

In der enthusiastischen Rezeption dieser neurophysiologischen Befunde und Hypothesen tendierten jedoch manche Wissenschaftler dazu, das Kind mit dem Bade auszuschütten. Zwar schien durch die Befunde der experimentellen Traumforscher für das erste die Freudsche These widerlegt zu sein, daß ein Traum durch sexuelle und andere Wünsche, wie z.B. nach Selbstbehauptung oder Schuldentlastung, *verursacht* wird. Daß in Träumen jedoch auch Wünsche *befriedigt* werden, daß konflikthafte Inhalte zur Sprache kommen und auch Abwehrvorgänge an verschiedenen Stellen ihre Wirkmächtigkeit entfalten, war damit beileibe nicht falsifiziert. Der Jubel, nun seien endlich die sperrigen und anstößigen Wünsche und Affekte Freudscher Provenienz auf experimentelle Weise ausgesondert und das Träumen als periodischer, lediglich kognitiver, vielleicht sogar sinnloser Vorgang rehabilitiert, erwies sich somit als verfrüht.

Der Psychoanalytiker und Traumforscher Wolfgang Leuschner aus dem Sigmund-Freud-Institut in Frankfurt hat deshalb so manche Schlußfolgerungen und Interpretationen der neurophysiologischen Traumforscher nicht nur der fünfziger Jahre, sondern auch der Gegenwart als Neuromythologie und neurologische Science-fiction bezeichnet, vor der die Wissenschaft vom Traum genau so zu schützen sei wie vor esoterischen Vereinnahmungen und märchenhaften Verklärungen. Dies gilt natürlich nicht für alle Forscher, und es gilt auch nicht für die Entdeckung neurophysiologischer Fakten. Wenn diese allerdings zur Interpretation psychologischer Phänomene herangezogen werden, um in einer Art physiologischen Kurzschlusses den Inhalt der Träume als sinnlose und interpretationsbeliebige Substanz zu erklären, trifft die angeführte Einschätzung Wolfgang Leuschners sicherlich zu.

Von neurophysiologischen Spekulationen zu gesicherten Hypothesen

Tab. 10: Einige neurophysiologische und neuropsychologische Traumforscher im 20. Jahrhundert

1953	Eugene Aserinsky und Nathaniel Kleitman erforschen den sog. REM-Schlaf und entdecken, daß dieser von Träumen begleitet ist.
1957	William Dement und Nathaniel Kleitman kommen auf die Idee, schlafende Probanden während des REM-Schlafs zu wecken.
1960	David Foulkes entdeckt, daß auch in den Non-REM-Phasen kognitive Aktivität vorkommt.
1962	Roffwarg glaubt, einen spezifischen Zusammenhang zwischen Trauminhalten und Augenbewegungen entdeckt zu haben, was jedoch später widerlegt wird.
1965	Paul Verdone findet heraus, daß Traumberichte aus REM-Perioden zu Beginn der Nacht farblos, wenig bizarr und alltäglicher sind als aus REM-Perioden gegen Ende der Nacht.
1969	Case H. Vanderwolf entdeckt den Theta-Rhythmus bei seinen Versuchstieren als besondere Gehirnaktivität im REM-Schlaf.

1974 Jonathan Winson findet die Verschaltungsgebiete im Hippocampus, in denen der Theta-Rhythmus entsteht. Der Hippocampus gilt zusammen mit dem Neocortex und anderen Strukturen als neuronales Substrat für das Gedächtnis.

1977 Die Physiologen J. Allan Hobson und Robert McCarley stellen ihre neurophysiologische Traumtheorie vor, die sogenannte Aktivations-Synthese-Theorie. Träume seien nur die sinnlose, zufällige Begleiterscheinung der autonomen elektrischen Aktivität des schlafenden Zentralnervensystems. Träume verbergen somit keinen Sinn, sondern Traummechanismen konstruieren ihn aus sinnlosen Erregungen.

1978 Der Schlafphysiologe und Psychoanalytiker Gerald W. Vogel kritisiert die allzu enge Korrelation von physiologischen Vorgängen und psychologischen Zuständen in der Theorie von Hobson.

1980 Martha Koukkou-Lehmann und Dittrich Lehmann entwickeln das sogenannte Zustands-Wechsel-Modell unter Rückgriff auf die Konzepte des zustandsabhängigen Lernens und der zustandsabhängigen Erinnerung. Hierbei wird davon ausgegangen, daß Material, das während eines bestimmten funktionellen Zustandes des Gehirns – physiologisch definierbar mit Hilfe von EEG-Mustern – gelernt wurde (wie in der Kindheit), in einem ähnlichen oder vergleichbaren funktionellen Zustand des Gehirns (wie im Traum) besser erinnert werden kann als in anderen Zuständen.

1983 Francis Crick und Graeme Mitchison präsentieren ihre Theorie des Umkehrlernens (oder Verlernens). Menschen träumen, um überflüssige Information („parasitäre Verhaltensmodi“) loszuwerden. Träume, die erinnert werden können, stellen ein Fehlschlagen dieses Verlernens dar.

1985 Jonathan Winson stellt eine umfassende neuropsychologische Theorie des Träumens auf, ausgehend vom REM-Schlaf und dem Theta-Rhythmus im Hippocampus.

1992 Gerald M. Edelman legt mit seiner Theorie der neuronalen Gruppenselektion ein neurobiologisches Fundament für die Freudsche Traumtheorie vor.

1995 Mark Solms stellt die Behauptung auf, daß der REM-Schlaf keine notwendige Bedingung für das Auftreten von Träumen ist. Anhand der Untersuchung von Patienten mit einer zerebralen Störung wies er nach, daß die Aktivität höherer Regulationsmechanismen des Gehirns für die psychologische Konstruktion des Traums unerläßlich ist.

Man kann jedem Unsinn einen Sinn geben

In den 80er Jahren wurde vor allem die Aktivations-Synthese-Theorie der amerikanischen Physiologen J. Allan Hobson und Robert McCarley von der Harvard-Universität in Cambridge bekannt und von Gegnern der Psychoanalyse als endgültiger naturwissenschaftlicher Beweis gegen die Freudsche Traumtheorie gepriesen.

Gemäß dieser Theorie feuern Neuronen im oberen Hirnstamm periodisch Signale während des REM-Schlafs. Die abwärts ausgeschickten Signale in Richtung Rückenmark führen zu einem Verlust der Muskelspannung, der sogenannten REM-Lähmung. Die nach oben ausgesendeten Signale aktivieren Hirngebiete, in denen Gesehenes, Gehörtes, Gehbewegungen und auch Gleichgewichtswahrnehmungen bearbeitet werden. Diese Hirngebiete sind für das Träumen zuständig, und deshalb sind auch nahezu alle Träume bildlich, akustisch und mit viel motorischer Aktion. Geruchs- und Geschmacksträume kommen hingegen so gut wie nie vor (weil diese Gehirnzentren von den Neuronen des Hirnstamms nicht angesprochen werden). Weil auch der Gleichgewichtssinn durch Impulse aus dem Hirnstamm aktiviert wird, und zwar durch stärkere elektrische Potentiale als im Wachzustand, träumen Menschen relativ häufig vom Fliegen, Schweben, Fallen und Abstürzen. Das Schlafbewußtsein versucht nun, die Zufallsaktivationen des Hirnstamms auf psychologische Weise plausibel zu interpretieren und eine Synthese der von den Impulssalven des Hirnstamms ausgelösten Eindrücke vorzunehmen. Die Erregungsmuster, die in der Realität so gut wie nicht vorkommen, zwingen den Träumer zur Komposition einer bizarren Geschichte, die er mit dem Wachbewußtsein häufig nicht in Verbindung bringen kann.

In dieser Theorie wurde somit davon ausgegangen, daß die Zufallsaktivationen nach einer sinnhaften Interpretation verlangen; damit werde einem physiologisch erzeugten „Unsinn" ein Sinn unterstellt. Wir würden also nicht deshalb z.B. von einem Treppensturz träumen – so der Wissenschaftsjournalist

Dieter Zimmer –, weil uns irgendein psychisches Bedürfnis dazu veranlaßt, uns selber eine solche Phantasie zu erzeugen, sondern wir träumen den Sturz, weil gerade eine zufällige Impulssalve aus dem Hirnstamm hinten im Kleinhirn angekommen ist, eine dem Fallen entsprechende Aktivation ausgelöst hat und unser Bewußtsein sich darauf nun recht und schlecht einen Reim machen müsse.

Sah es zunächst so aus, als sei damit die psychoanalytische Theorie der Traumerzeugung endlich außer Kraft gesetzt, weil eben nicht verdrängte Wünsche, sondern somatisch verankerte, periodisch wiederkehrende, physiologische Prozesse zum Träumen führen und Träume deshalb zum Anhängsel der Gehirnphysiologie werden, so hat J. Allan Hobson seine Theorie einige Jahre später – anläßlich vieler kritischer Gegenargumente – abgeschwächt. Einerseits sei die neurophysiologische Forschung noch nicht in der Lage, den Synthetisierungsprozeß (von den aufsteigenden physiologischen Erregungsabläufen, den Erinnerungsspuren und Tagesresten) im Vorderhirn genauer zu konzeptualisieren, und andererseits müsse konzediert werden, daß die Psychoanalyse eine durchaus akzeptable Theorie der Erklärung der Traumbildung neben der Aktivations-Synthese-Theorie darstelle.

Kürzlich hat Hobson seine Theorie noch weiter revidiert und die Bedeutung von Träumen für unbewußte psychologische Vorgänge, die von der Tiefenpsychologie studiert werden, anerkannt. Wenn in Träumen ein Sinn oder ein Plan aufscheine, so deshalb, weil den chaotischen neuronalen Signalen eine Ordnung aufgezwungen worden sei. „In dieser Ordnung spiegelt sich unsere persönliche Sicht der Welt, sie gibt ferne Erinnerungen wieder“, räumt Hobson nun ein. Das würde bedeuten, daß sich individuelle, lebensgeschichtlich erworbene Erfahrungszusammenhänge darin ausdrücken.

Inzwischen hat Hobson seine ursprünglichen Thesen nochmals abgeschwächt und die Überlegung angestellt, ob die Signale aus dem Hirnstamm vielleicht nur als Schalter fungieren, die von einer Traumepisode zur nächsten weiterleiten.

Träumen: Bereinigen von Speicherinhalten?

Wenn Hobson und McCarley immerhin eine Erklärung für den Inhalt von Träumen geben konnten, so blieb ihnen doch die eigentliche Funktion des REM-Schlafs ein Rätsel. Im Jahre 1983 aber trugen der Genetiker und Medizin-Nobelpreisträger Francis Crick vom Salk-Institut in La Jolla (Kalifornien) und Graeme Mitchison von der Universität Cambridge in England die Idee vor, Träumen sei reverses Lernen, gewissermaßen sortiertes Vergessen. Sie folgten Hobson und McCarley in der Annahme, der Neocortex sei einem Zufallsbombardement von Erregungswellen aus dem Hirnstamm ausgesetzt. Durch die ungeheure Menge eingehender Informationen könne aber das neuronale Netzwerk des Neocortex überladen werden. In einem solchen Fall würden sich verkehrte, gleichsam schädliche Assoziationen einschleichen und die Speicherung der relevanten Gedächtnisinhalte gefährden. Crick und Mitchison vertraten die Hypothese, der REM-Schlaf diene dazu, solche überflüssigen und störenden Assoziationen im Cortex regelmäßig zu löschen, um damit einen geordneten Umgang mit Gedächtnisinhalten zu ermöglichen. „Wir träumen", so Crick und Mitchison, „um zu vergessen."

Auch diese beiden Forscher haben ihre Auffassung später eingeschränkt: Nur für bizarre Träume sollte sie noch gelten. Das Träumen von in sich schlüssigen Geschichten aber könne man weder so noch sonstwie erklären. Auch solle man besser nicht sagen – was so einprägsam klang –, man träume des Vergessens wegen; vielmehr sei der Nutzeffekt, lediglich schädliche Phantastereien und Wahnvorstellungen einzuschränken. Doch der Funktion des Träumens konnte keine dieser Erklärungen gerecht werden. Denn den Trauminhalten wurde fast keine Bedeutung beigemessen.

Der Münchner Traumexperte Franz Strunz hat die Verwechslung der Ebenen bei manchen neurophysiologischen Traumforschern deutlich benannt: So benötigt zwar auch das Träumen, wie jeder psychische Vorgang, ein physiologisches Substrat, aber ebensowenig wie Wünsche die Aktivierung von zyklisch erregbaren Neuronen herbeiführen können, ist es aktivierten Neuronen möglich, Trauminhalte zu bestimmen. Die Unterstellung einer Kausalrichtung ist auf jeden Fall falsch; was mit Fug und Recht aber behauptet werden kann, ist eine Korrelation zwischen der physiologischen und der psychologischen Ebene. Auch von Mark Solms, einem Londoner Psychoanalytiker und Neurophysiologen, wird der von neurologisch orientierten Traumforschern häufig unterstellte Reduktionismus als falsch und methodologisch naiv zurückgewiesen; es existiert zudem kein *einzelnes* physiologisches Traumzentrum.

Träumen: 150 Millionen Jahre alt?

Konnten die angeführten neurophysiologischen Forscher bislang noch keine psychologische Funktion des Träumens benennen, so verhält sich dies in der Theorie von Jonathan Winson, einem New Yorker Neurobiologen, der ursprünglich als Luftfahrtingenieur und promovierter Mathematiker seine Laufbahn begonnen hatte und seit 1979 Professor an der New Yorker Rockefeller Universität ist, deutlich anders. Für ihn ergeben sich eindeutige Belege für die problemlösende Funktion des REM-Schlafs; insbesondere stellt das Träumen eine Methode der Informationsverarbeitung dar, die der Mensch von den höheren (lebendgebärenden) Säugetieren geerbt zu haben scheint; eierlegende Säuger, wie z.B. der australische Schnabel- oder Ameisenigel entwickelten im Laufe der Evolution hingegen keine REM-Aktivität. Bei diesen ist das Verhältnis von präfrontalem Cortex (dem vorderen Teil der Hirnrinde) zum übrigen Gehirn sehr viel größer als bei den höheren Säugetieren und auch beim Menschen. Nach Winson ist dies der Beweis dafür, daß es im Verlauf der Evolution vor etwa 150 bis 200 Millionen Jahren zu einer entscheidenden Weichenstellung gekommen ist: Offensichtlich war eine Steigerung der Lern- und Gedächtnisleistung nicht mehr über eine Vergrößerung des präfrontalen Cortex möglich, statt dessen entwickelte sich als neuer Mechanismus zur Leistungssteigerung des Gehirns der REM-Schlaf. Dieser sogenannte Vorgang ermöglichte bei den höheren Säugern und beim Menschen eine ungleich größere Informationsverarbeitungskapazität. Hätte sich hingegen der präfrontale Cortex weiter vergrößert, so wäre dies bei den höheren Säugetieren recht bald an anatomische Grenzen gestoßen, denn der Schädel, der einer immer größeren Großhirnrinde Platz bieten könnte, hätte nicht mehr durch den Geburtskanal der Mutter gepaßt. Nur die Ausbildung des REM-Schlafs ermöglichte es, lebenswichtige Informationen in einem gesonderten Arbeitsgang erneut zu bewerten und mit früheren Erfahrungen abzugleichen. Aus diesem Grund verringerte sich auch bei den höheren Säugern die relative Größe des präfrontalen Cortex zugunsten von anderen Gehirngebieten, die bei Säugetieren und Menschen komplexere kognitive Leistungen vollbringen.

Winson erblickt in diesem Vorgang der Informationsabgleichung, bei der möglicherweise neben ontogenetisch gelernten Problemlösungsstrategien auch solche unserer tierischen Vorfahren eine Rolle spielen, den Kern des von Psychoanalytikern beschriebenen Unbewußten. Dafür spricht unter anderem der überwiegend visuelle Charakter unserer Träume und der nur schwach ausgebildete selbstreflexive und metanarrative Anteil des Traumbewußtseins – so können wir uns nur sehr selten im Traum damit trösten, daß wir das Schreckliche eines Traumgeschehens nur träumen oder eine grauenvolle Geschichte lediglich phantasieren. Ferner spricht für diese Annahme, daß uns unsere nächtlichen Träume nur gelegentlich bewußt werden und daß uns in ihnen Fähigkeiten zur Verfügung stehen, über die wir als Menschen nicht mehr verfügen, wie z. B. das Fliegen. Die höheren Formen des Bewußtseins haben sich offensichtlich erst nach der Ausbildung des REM-Schlafs entwickelt; Lernen kann auch ohne Bewußtsein vonstatten gehen und hat vermutlich auch viele Millionen Jahre lang ohne dieses existiert.

Anthony Stevens, ein moderner Jungianer, der sich um einen Brückenschlag zwischen Tiefenpsychologie und den Neurowissenschaften bemüht, weist auf einen weiteren evolutionären Faktor hin: Der Mensch, der sich in seinen Vorformen vor etwa vier bis fünf Millionen Jahren aus den Menschenaffen entwickelte, verarbeitet im REM-Schlaf vielschichtigere und differenziertere Problemlösungen als die höheren Säugetiere, die, wesentlich festgelegter durch artspezifische Instinkte, eher im Rahmen von Überlebensfunktionen träumen. Mit der spezifisch menschlichen Entwicklung zur komplexeren Symbol- und Sprachbildung findet eine tendenzielle Abkoppelung von stammesgeschichtlich millionenalten Programmen statt; nur noch gelegentlich tauchen archetypische Grundmuster aus dem kollektiven Unbewußten auf, das aus dieser Sicht so etwas wie eine phylogenetische Matrix darstellt, die uns als Menschen an unsere Herkunft von den Primaten, unseren tierischen Urahnen, erinnert. Jungs Konzept der Archetypen wäre damit wissenschaftlich rehabilitiert.

6. Empirische Arbeiten zum Traum

Die meisten empirisch positivistischen Arbeiten zum Traum wurden von Traum- und Schlafforschern im Labor und von Psychologen vorgenommen, wobei sich die letzteren zumeist auf eine Auszählung bestimmter Trauminhalte beschränkten und es aus methodischen Gründen vermieden, sich mit den Einfällen und Interpretationen der Versuchspersonen auseinanderzusetzen; hierzu fehlte allerdings auch die hermeneutische und tiefenhermeneutische Kompetenz.

Diese sogenannte „Wurstzipfel-Wissenschaft" (man beschäftigt sich nur mit dem zählbaren In- und Output an der Verhaltensoberfläche) hat keine nennenswerten Erkenntnisse über die *Bedeutung der individuellen Träume* zutage gefördert. Dennoch gestatten einzelne Ergebnisse, wie z.B. die von Calvin Hall und Robert Van de Castle, die anhand eines Klassifikationssystems inhaltsanalytisch Trauminhalte (Personen, Gegenstände, Aktivitäten, Interaktionen, Gefühle, Handlungserfolge und -mißerfolge) bestimmten, einen gewissen Einblick in die formalen Parameter durchschnittlicher Traumszenarien. Auch Inge Strauch und Barbara Meier aus Zürich haben die Inhalte der Träume, sowohl aus REM- wie aus Non-REM-Phasen, inhaltsanalytisch sorgfältig aufgeschlüsselt. Wann immer jedoch allein die möglichst objektive Beschreibung von Trauminhalten methodisch im Vordergrund steht und auf jegliche Interpretation und tiefenhermeneutische Analyse verzichtet wird, entfällt die Berücksichtigung der Psychodynamik. Gerade deshalb muß aber in dieser sogenannten objektiven Traumforschung der methodische Artefaktcharakter berücksichtigt werden, wie erst jüngst wieder Van de Castle kritisch angemerkt hat: Träume, die im Schlaflabor – im Unterschied zum vertrauten und intimen Ambiente des eigenen Schlafzimmers – geträumt werden, scheinen generell affektiv flacher und konfliktvermeidender zu sein; es sei denn, daß man die Beziehungsdynamik zwischen Versuchsleiter und Versuchsperson methodisch und inhaltlich reflektiert – so z.B. hinsichtlich der Übertragungsdynamik – und entsprechende Vorkehrungen trifft.

Wenn man nicht länger den Erfahrungsschatz tiefenpsychologischer Forscher aus Unkenntnis und/oder methodischer Ängstlichkeit ausblenden will und sich aufgeschlossen zeigt für die Forschungsergebnisse psychoanalytischer Traumexperten, die zumeist eine Mischung aus empirisch positivistischen und empirisch hermeneutischen Methoden anwenden, wird man mit Erstaunen den Stand dieser Forschung zur Kenntnis nehmen.

Der Einfluß der subliminalen und vorbewußten Wahrnehmung auf die Traumentstehung

Wolfgang Leuschner und Mitarbeiter am Sigmund-Freud-Institut in Frankfurt nahmen die Tradition der subliminalen Wahrnehmungsforschung, die von Otto Pötzl zwischen 1910 und 1920 initiiert und dann von Charles Fisher, Lloyd Silverman und Howard Shevrin in den USA fortgesetzt wurde, wieder auf. Begreift man subliminal, also unterhalb der Wahrnehmungsschwelle dargebotene visuelle und akustische Stimuli, als ein Analogon zu den Freudschen Tagesresten, dann liefern die Ergebnisse dieser experimentellen Erforschung unbewußter Prozesse den Beweis dafür, daß diese optischen und akustischen Reize in die Träume der darauffolgenden Nächte Eingang finden. Bat man z. B. die Versuchspersonen Traumzeichnungen anzufertigen, dann ließen sich auf verblüffende Weise entweder in Form einer stimulusidentischen Wiederkehr oder in Form von Verschiebung, Zusammenziehung und Vertauschung einzelner Stimulusgegebenheiten Elemente der ursprünglichen Reizkonstellation wiederfinden.

Assoziationen haben einen Zusammenhang zum verdrängten Unbewußten

Thomas Köhler und seine Mitarbeiter von der Universität Hamburg konnten in einer experimentalpsychologischen Überprüfung von einzelnen Aspekten der Freudschen Traumlehre zeigen, daß Assoziationen, die von Inhalten des eigenen Traumes ausgehen, von höherer psychophysiologischer Aktiviertheit begleitet sind als Assoziationen zu Themen aus den Träumen anderer Personen. Ferner konnten sie nachweisen, daß im Verlauf der Assoziationen zu den eigenen Traumelementen die Aktivierung deutlicher anstieg als bei Assoziationen zu fremden Trauminhalten. Die Forscher sehen darin einen Beleg für die Freudsche Annahme, daß Elemente des manifesten Traumes eine größere assoziative Nähe zum verdrängten Unbewußten besitzen. Hatten sie zunächst nur eine unspezifische psychophysiologische Aktivierung in Form der Hautleitfähigkeitsreaktion (SCR) betrachtet, so untersuchten sie in einem weiteren Experiment die Frage, ob die begleitenden Empfindungen – wie es die Definition des Widerstands impliziert – wesentlich den Charakter von Unlust besitzen. Zu diesem Zweck ließen sie fünfzehn weibliche Versuchspersonen zwei Minuten lang frei zu Teilen eigener Träume und zu Inhalten von Träumen anderer Versuchspersonen assoziieren. Während des Assoziationsvorganges wurde als Maß der psychophysiologischen Aktivierung wiederum die Hautleitfähigkeitsreaktion erhoben und die Probandinnen gebeten, mittels Knopfdruck möglichst viele Angaben zur begleitenden Lust bzw. Unlust zu machen. Entsprechend der früheren Ergebnisse ließ sich zeigen, daß nicht nur die physiologischen Parameter bei Assoziationen zu Stichworten aus den eigenen Träumen signifikant höher waren, sondern auch die Unlustempfindungen. Die Autoren betrachten ihre Ergebnisse als einen experimentellen Beleg für Widerstandsvorgänge im Traum.

Die Wirkung von Traumentzug auf die Selbstkohärenz

Schon die erste Generation von REM-Forschern hat sich mit der Wirkung des Traumentzugs beschäftigt. Als gesicherter Befund gilt seit dieser Zeit, daß es in den darauffolgenden Nächten zu einem Anstieg der REM-Zeit (REM-rebound) kommt, wenn man zuvor Versuchspersonen im Traumlabor daran hinderte, in den REM-Phasen zu träumen. Unklar blieb aber die Befundlage darüber, welche psychischen Auswirkungen REM-Deprivation auf den Träumenden hat. Das Spektrum der Ergebnisse reichte von der Zunahme psychotischer Episoden im Wachbewußtsein bis hin zu der Diagnose, daß keinerlei Veränderungen auftreten würden.

Harry Fiss, ein selbstpsychologisch orientierter Traumforscher, hat in den zurückliegenden zwanzig Jahren eine Anzahl von Experimenten durchgeführt, in denen es um den direkten und indirekten Nachweis ging, daß Träumen die Funktion hat, die Kohärenz des Selbst zu stabilisieren. Indirekte Evidenz für die selbstkohäsive Funktion des Träumens läßt sich mit Hilfe von zweierlei Forschungsstrategien erzielen: 1) REM-Deprivationsstudien, 2) experimentelle Manipulation vor dem Schlafengehen und deren Auswirkung auf den REM-Traum.

REM-Deprivationsstudien

Versuchspersonen, die unmittelbar vor dem Einsetzen der REM-Phase aufgeweckt wurden, zeigten in den darauffolgenden Nächten einen sogenannten Rebound-Effekt, d.h., ihre REM-Aktivität erhöhte sich. Dieser Befund wurde bereits von William Dement (1960) als Beweis für die biologische Notwendigkeit des REM-Schlafes und indirekt auch für das Träumen betrachtet. Vor allem für die selbstpsychologische Betrachtungsweise sind jedoch eher die Auswirkungen der REM-Deprivation auf das Wachverhalten von Bedeutung. Es zeigte sich nämlich, daß die Versuchspersonen ein Verhalten äußerten, das sich am besten als triebhaft dominiert charakterisieren läßt: Sie äußerten z.B. gesteigerte Hungergefühle bis hin zum Heißhunger und deutlich erhöhte aggressive und sexuelle Impulse. Damit ging eine verschlechterte Anpassungsfähigkeit in Form von Konzentrationsstörungen, Gedächtnisbeeinträchtigungen und Lernschwierigkeiten einher. Ebenfalls zeigten die REM-deprivierten Personen eine deutlich verringerte Fähigkeit, mit streßerzeugenden Stimuli umzugehen. Daraus läßt sich der Schluß ziehen, daß der REM-Schlaf und mit großer

Wahrscheinlichkeit auch das Träumen eine bedeutsame Rolle bei der Triebregulierung, der Informationsverarbeitung und der Streßbewältigung spielen. Verändern sich Stabilität und Kohäsion des Selbsterlebens, so treten zunehmend psychische Fragmentierungserscheinungen, z. B. in Form von Sexualisierung, Aggressivierung oder oralen Impulsdurchbrüchen auf.

Experimentelle Manipulation vor dem Schlafengehen

Bei der zweiten Strategie wird der Versuchsperson vor dem Schlafengehen eine streßerzeugende Aufgabe dargeboten, wie z. B. das Tragen einer Brille, die das Gesichtsfeld auf den Kopf stellt. Anschließend wird die Dauer des REM-Schlafs gemessen, die nun deutlich verlängert ist, allerdings nur, bis eine Gewöhnung an diese Aufgabe stattgefunden hat.

Traum-Intensivierungs-Design

Direkte Evidenz ergibt sich aufgrund von zwei Forschungsstrategien. Beim Traum-*Intensivierungs*-Design wird die Versuchsperson angehalten, ihre Aufmerksamkeit, sooft es nur geht, auf einen erinnerten Traum der letzten Nacht zu richten und darüber nachzudenken. Das Ergebnis, das Fiss und seine Mitarbeiter erhielten, war beeindruckend: Alle Personen zeigten eine größere Symptomreduktion als die Vergleichsgruppe. Fiss zog daraus den Schluß, daß REM-Träume im Unterschied zu anderen Phantasietätigkeiten eine einzigartige Rolle bei der Regulation und Integration des Selbst spielen. Die Auffassung der antiken Traumforscher von der heilenden Funktion des Träumens erhält auf diese Weise ebenfalls empirische Gültigkeit.

Traum-Einverleibungs-Design

Beim Traum-*Einverleibungs*-Design wird die Versuchsperson mit streßreichen Erfahrungen des Versagens vor dem Schlafengehen konfrontiert. Diejenigen Personen, denen es gelingt, von dieser frustrierenden Situation zu träumen, fühlen sich am nächsten Tag besser, wenn sie an die vorausgegangene Erfahrung denken, als solche Personen, denen es nicht gelungen ist, die frustrane Situation in den Traum aufzunehmen.

Zu welchem Resümee kommt die psychologisch und psychoanalytisch experimentelle Traumforschung im Hinblick auf die klassischen Freudschen Grundannahmen? Nach der Einschätzung des selbstpsychologisch argumentierenden Harry Fiss können folgende Theoreme Freuds mit der experimentellen Methodik nicht bestätigt werden: seine Wunscherfüllungstheorie, die Postulierung einer Diskontinuität zwischen latenten Traumgedanken und manifestem Traumphänomen sowie zwischen Wach- und Schlafzustand, die These, daß der Traum der Hüter des Schlafes sei, und schließlich die Rolle, die Freud der Verdrängung bei der Traumarbeit zuerkannte. Die experimentellen Befunde haben aber die psychologische und therapeutische Bedeutung des Traums voll bestätigt.

Zum Design von Ramon Greenberg

Die bereits kurz erwähnten Arbeiten von Ramon Greenberg, aber auch von Stanley Palombo, zeigen die Nützlichkeit einer kombinierten Forschungsstrategie: einerseits die tiefenhermeneutische Auswertung von Traumerzählungen mitsamt dem dazugehörigen Kontext, den der Forscher-Therapeut aus der Kenntnis seines Patienten bezieht; andererseits die inhaltsanalytische Auswertung von Verbatim-Protokollen anhand von Traumerinnerungen nach der REM-Phase.

Greenberg und Pearlman (1975) weckten einen Analysanden während der ersten Hälfte der Nacht am Ende einer REM-Schlaf-Periode auf. Die analytischen Sitzungen vor und nach dem Traumlabor und die Traumberichte selbst wurden auf Tonband aufgenommen und transkribiert. Es zeigte sich, daß es eine deutliche Entsprechung zwischen denjenigen Elementen im manifesten Traum und Elementen in der analytischen Stunde gab, die von emotionaler Bedeutung für den Analysanden waren. Die Trauminhalte benötigten keine Interpretation, weil sie nahezu eindeutig auf die Anliegen im Wachbewußtsein tags zuvor verwiesen. Sie waren in eine bildhafte Sprache gekleidet. Zum Beispiel drückte sich die Angst eines Analysanden, zu regredieren und von seinem Therapeuten zu sehr abhängig zu werden, in dem folgenden Bild im Traum aus: Ein Auto, in dem der Träumer saß, drohte rückwärts eine steile Straße hinabzurollen; es gelang diesem aber noch, einen Fuß auf die Straße zu stellen und das Zurückrollen zu verhindern.

Die Autoren zogen aus dieser Beobachtung den Schluß, daß die Kenntnis der konflikthaften Themen zu einer problemlosen Übersetzung der manifesten Trauminhalte eines Menschen führt. Statt also ausschließlich danach zu forschen, worin der latente Trauminhalt besteht, sei es sinnvoller, sich auf die Probleme im Wachbewußtsein zu konzentrieren und diese mit dem manifesten Traum in Verbindung zu setzen. Hierbei spielen aber die Assoziationen des Analysanden nach wie vor eine wichtige Rolle, weil nur diese zu den relevanten Konflikten hinführen. Und natürlich verbergen sich hinter den manifesten bewußt zugänglichen Konflikten häufig noch existentiellere konflikthafte Themen.

In späteren Arbeiten konzentrierten sich Greenberg und Pearlman noch stärker auf Probleme und Lösungsversuche statt auf einzelne Traumelemente. Die Autoren entwickelten ein reliables Scoring-System für Probleme und Lösungen im manifesten Traum.

So träumte z.B. ein Analysand, daß er mit einer jungen Frau zusammen war und daß sie versuchten, miteinander Liebe zu machen. Ein Hund kam angelaufen, sprang auf sie und unterbrach ihr Liebesspiel. Diese Störung durch den Hund wurde als ernsthaftes Problem eingeschätzt. Im Traum drängten die beiden den Hund mit ihren Schuhen beiseite, und es gelang ihnen, ungestört zusammenzusein. Betrachtet man dazu die vorausgegangenen Analysestunden, so wurde folgendes deutlich: Der Analysand hatte davon erzählt, daß er eine Reise mit einer befreundeten attraktiven Frau unternehmen wollte. Er machte sich Gedanken, ob er sexuell genügend potent sei. Jedesmal, wenn er sich diese Frage stellte, schob er sie im nächsten Moment schon wieder mit der Bemerkung beiseite, daß er wohl nicht daran denken müsse, sich Sorgen über seine sexuelle Leistungsfähigkeit zu machen. Die Irritation war aber für den Therapeuten deutlich spürbar. Im Traum wird diese Verunsicherung mit einer Lösung beantwortet. Er kann sich des Hundes erwehren und die Unterbrechung beenden. Es bleibt dahingestellt und ist auch nur bei genauerer Kenntnis des Träumers beantwortbar, ob die Impotenzbefürchtung durch Abkömmlinge unbewußter ödipaler Schuldgefühle oder durch andere Emotionen ausgelöst worden war; im Traum konnte er sich auf jeden Fall von dieser Störung befreien.

Interessant ist nun auch, daß die nächtliche Lösung im Traum eine Auswirkung auf die Problemschilderung in der nächsten Analysestunde hat; der Erfolg bei der Problemlösung scheint das Selbst des Betreffenden zu stärken, so daß die unbewußt operierenden Abwehrmechanismen etwas weniger Einfluß ausüben und dadurch mehr Freiheitsgrade des Erlebens und Handelns möglich werden. Es macht den Reiz einer zufriedenstellenden psychoanalytischen Behandlung aus, wenn ein Therapeut miterleben kann, wie sein Patient oder seine Patientin sich im Verlauf ändern kann, was sich in den Träumen vielleicht am eindeutigsten zeigt.

Warum wacht der Träumer aus einem Traum auf?

Im Jahr 1982 konnte Stanley Palombo ebenfalls mit Hilfe des psychoanalytischen Verstehens von Träumen und der Aufweckmethode im Traumlabor den Nachweis erbringen, daß assoziatives Material während der analytischen Stunde in den Träumen der folgenden Nacht durchgearbeitet und vergangenen Erinnerungen aus früheren Erfahrungen angeglichen wird; zwischen den einander überlagernden Erfahrungen aus Gegenwart und Vergangenheit werden assoziative Verbindungen hergestellt. Das Träumen spiegelt diesen Angleichungsprozeß wider.

Wenn dieser Angleichungsprozeß erfolgreich ist, wacht der Träumende im allgemeinen nicht auf, und er kann diese Träume mit einem gelungenen matching in der Regel auch nicht erinnern. Wenn jedoch dieses Angleichen nicht erfolgreich verläuft, werden Angst oder andere heftige und zumeist unlustvolle Affekte ausgelöst, und der Träumende erwacht. Nach Palombo (1982) ist die Ursache für einen derartigen „mismatch Traum" die Interferenz in der Auswahl geeigneter Erinnerungsfragmente, die angeglichen werden sollen.

Der beim Aufwachen erinnerte Angsttraum beschäftigt die betreffende Person tagsüber mehr oder weniger stark und kann als Tagesrest Anlaß für einen erneuten Traum (den sogenannten „Korrekturtraum") werden. Häufig kommt es dann tagsüber zu einer Revision des mismatch aufgrund einer neuen Kontextualisierung des Traumerlebens. So macht sich der Betreffende z.B. klar, daß er als Erwachsener keine panische Angst vor einer Trennung mehr zu haben braucht, weil ihm nun andere Kompetenzen und Hilfsmittel zur Verfügung stehen. Der Korrekturtraum löst dann in der Regel keine Angst mehr aus und wird auch nicht beim Aufwachen erinnert. Wenn diese Bearbeitung nicht gelingt – und dies ist zumeist bei solchen Menschen der Fall, bei denen sich bestimmte Konflikte und Traumatisierungen immer wieder imperativ Geltung verschaffen –, treten die gleichen Angstinhalte in ähnlichen Trauminhalten hingegen immer wieder auf.

Zentrale Beziehungskonfliktthemen im Traum und im Wachzustand

Welche Ähnlichkeiten gibt es zwischen den Konflikten am Tag und den konflikthaften Beziehungsmustern im Traum? Läßt sich die Behauptung, daß Träumen der Konfliktbearbeitung mittels eines Vergleichs von im Gedächtnis gespeicherten Lösungsmustern dient, mit modernen psychoanalytischen Meßverfahren als gültig erweisen? Sind Traum- und Wacherleben eher kontinuierliche als diskontinuierliche Bewußtseinsformen?

Carol Popp, Lester Luborsky und Paul Crits-Christoph verwendeten ein dynamisch orientiertes Meßinstrument, das Verfahren zur Feststellung des zentralen Beziehungskonfliktthemas (ZBKT), um damit einen quantitativen Vergleich zwischen Traumerzählungen und Erzählungen im Wachzustand vorzunehmen.

Den Forschern gelang es tatsächlich, nicht nur formale Ähnlichkeiten, wie sie bereits von anderen inhaltsanalytisch vorgehenden Wissenschaftlern festgestellt worden waren, zu eruieren, sondern auch Parallelen in den zugrundeliegenden zentralen Beziehungskonfliktthemen aufzuzeigen.

So wurde z. B. bei einer Patientin aufgrund des Materials in den Psychotherapiesitzungen mittels der ZBKT-Methode festgestellt, daß sie sich Nähe oder Unabhängigkeit wünscht, aber die andere Person als nicht vertrauenswürdig und zurückweisend erlebt und daraufhin wütend und unsicher wird. Der folgende Traum von ihr zeigte recht genau die Themen „Wunsch nach Unabhängigkeit in einem bestehenden Kontakt und das Erleben von Nichtvertrauenswürdigkeit". Er lautete:

Ich träumte, daß ich in einer Art Besprechung war. Und es war eine sehr lange Besprechung ... und ich wollte raus. Wir wurden gebeten für eine weitere Besprechung wieder hereinzukommen, aber äh, aber es war irgendwie so, als ob es ein Trick wäre.

7. Traumdeutung

Träume deuten zu können setzt unter anderem voraus, daß eine Person ihre Träume überhaupt erinnert. Der Königsberger Philosoph Immanuel Kant brüstete sich damit, noch nie in seinem Leben geträumt zu haben und folglich nicht von solch dunklen und romantischen Phänomenen heimgesucht zu werden, wie seine noch dem Mythos und der Magie verpflichteten Vorfahren und romantischen Zeitgenossen. Aber spätestens seit dem Jahr 1953 konnte der naturwissenschaftliche Nachweis geführt werden, daß alle Menschen regelmäßig träumen. Nur die Frage, warum sich manche Menschen besser an ihre Träume erinnern als andere, läßt sich bis zum heutigen Tag noch nicht eindeutig beantworten. Die Traumdeutung erfordert aber auch – will sie sich nicht auf die Paraphrasierung des mitgeteilten Traumberichts beschränken oder zu laienpsychologischen Deutungskünsten greifen – eine Theorie der Traumentstehung und der Funktionen des Träumens. Mit der in den vorangegangenen Kapiteln beschriebenen Revision der Freudschen Traumtheorie liegt derzeit ein vielversprechender Theorierahmen vor.

Traumerinnerung als Voraussetzung für die Deutung

Relativ gut gesichert gelten folgende Faktoren für die Traumerinnerung:

1. Ablenkende Denktätigkeit nach dem Erwachen: Im Urlaub erinnern viele Menschen ihre Träume besser, weil während dieser Zeit, in der Regel kurz nach dem Aufwachen, weniger Gedanken an Aktivitäten für den kommenden Tag einsetzen und die ohnehin fragile Erinnerungsfähigkeit stören, als dies im Alltag der Fall ist.
2. Motivation: Während einer Psychotherapie, in der Wert auf das Berichten von Träumen gelegt wird, nimmt die Erinnerungsfähigkeit in der Regel zu – es sei denn, Patienten zeigen einen deutlichen Widerstand dagegen, ihre intimeren

Erlebnisse und Phantasien mitzuteilen. Aber auch wenn man z.B. ein Buch über Träume liest oder den Vorsatz faßt, sich besser erinnern zu wollen, kann dieser Effekt auftreten.

3. Länger dauernde Traumszenen mit einem emotional stimulierenderen Inhalt werden besser erinnert als gefühlsmäßig flache Träume, in denen auch nur kurze szenische Narrative auftreten.
4. Träume, die gegen Ende der Nacht geträumt werden, können ebenfalls besser erinnert werden als Träume, die in der ersten und zweiten REM-Phase auftreten, es sei denn, es handelt sich um Alpträume.
5. In Zeiten von Konflikten, Lebenskrisen oder unerwarteten Schicksalsschlägen kommt es häufiger zu Traumerinnerungen.

Weniger gut gesichert scheint hingegen zu sein, daß Personen mit einem gut entwickelten visuellen Gedächtnis sich an ihre Träume besser erinnern können oder daß Personen mit einer generell hohen Abwehr Schwierigkeiten haben, Träume zu erinnern.

Ist damit die klassische Freudsche Hypothese, daß aus psychodynamischen Gründen die Erinnerungsfähigkeit beeinträchtigt ist, völlig widerlegt? Müssen wir eher C. G. Jung oder Erich Fromm zustimmen, die die Auffassung vertraten, daß die beeinträchtigte Erinnerungsfähigkeit primär mit der Schwierigkeit mancher Menschen zu tun hat, ihre Traumsymbole zu verstehen, weil ihnen im Zeitalter der Aufklärung und der Faktengläubigkeit die Fähigkeit abhanden gekommen ist, die Sprache der Märchen und Mythen zu begreifen? Aber die von experimentellen Traumforschern genannten Faktoren schließen eine psychodynamische Erklärung des Erinnernkönnens selbstverständlich nicht aus; und auch die in der Gegenwart favorisierte Bestimmung des Träumens zum Zwecke der Lösung emotional bedeutsamer Probleme ist mit der These einer aus psychodynamischen Gründen beeinträchtigten Erinnerungsfähigkeit durchaus kompatibel. Dafür spricht nicht nur die klinische Erfahrung, sondern auch der Befund von Laborforschern, daß der im Schlaflabor erinnerte Traum weniger

Emotionen, weniger triebhaft inspirierte Themen, kurzum „anständigere“ Inhalte aufweist, so als müßte die Versuchsperson ihre intimeren Wünsche und Probleme vor dem Versuchsleiter verbergen. Zwar kommt sie in der Regel nicht umhin, Träume zu erinnern, wenn sie aus einer REM-Phase geweckt wird, aber bestimmte anstößige Inhalte werden, sofern sie im Labor überhaupt geträumt wurden und die Abwehr dagegen nicht schon bei der Traumgenerierung einsetzte, weniger gut erinnert.

Traum, Traumerinnerung und Traumbericht

Terminologisch und von der Sache her ist es bedeutsam, sich als Psychotherapeut klarzumachen – und dies gilt mit kleinen Abstrichen auch für den Traumlaborforscher –, daß man es immer nur mit dem berichteten Traum, dem Traumbericht, zu tun hat, nie aber mit dem Traum selbst und in der Regel auch nicht mit einer vollständigen Traumerinnerung, wie sie im Schlafzustand und im Wachzustand erfolgt sind. Traumberichte sind, darauf hat der Psychoanalytiker Jochen Peichl erneut aufmerksam gemacht, kontextuell determiniert, d.h., sie unterliegen als sogenannter Sprechakt, wie jeder andere Sprechakt auch, den Bedingungen von Interaktionsregeln, die vor allem durch die Dynamik der gemeinsamen Beziehung, also durch die Verschränkung von Übertragung und Gegenübertragung bestimmt sind.

Der Traum als solcher bleibt deshalb ein Konstrukt, ein zu rekonstruierendes Narrativ, dessen ursprüngliche Gestalt nicht mehr zu haben ist. Dabei gilt es nicht nur, die Tatsache zu berücksichtigen, daß der Traumbericht kommunikativ abgeändert wird, je nachdem, wem die betreffende Person ihren Traum erzählt, sondern auch, daß man im Dialog mit sich selbst den Traum als solchen überhaupt nicht, nur in Teilen oder abgefälscht zur Kenntnis zu nehmen braucht. Jeder erinnert unmittelbar Personen, die ihre Träume als Unsinn bezeichnen, mit dem sie sich nicht abgeben wollen, was C. G. Jung zum Anlaß nahm, von einer „Instinktverkrüppelung des Kulturmenschen“ zu sprechen. Träume können auf unterschiedliche Weise unser Selbstverständnis erschüttern, uns mit längst bewältigt Geglaubtem erneut konfrontieren, Grenzen omnipotenten Erlebens aufzeigen, auf verleugnete Auswirkungen von Krankheiten hinweisen, aber ebenso auf brachliegende Fähigkeiten aufmerksam machen. Aus diesem Grund ist es nicht verwunderlich, daß unsere Traumerinnerung auch uns selbst gegenüber selektiv arbeitet.

Tab. 11: Unterscheidung zwischen Traum, Traumerinnerung und Traumbericht

Traum	Verschiedene Schlafphasen: Non-REM – REM – Non-REM – REM
Erinnerung im Traumzustand	unterschiedliche Fähigkeit zur Kurzzeitspeicherung
Traumerinnerung im Wachzustand	nur bestimmte Erinnerungen an Träume aus den verschiedenen Schlafphasen werden nach dem Aufwachen oder im Verlauf des Tages aus der Kurzzeitspeicherung zum Bewußtsein zugelassen
Traumbericht	nur bestimmte Trauminhalte werden einem anderen Menschen, z. B. dem Therapeuten, berichtet

Wir verstehen nun den Ausspruch des amerikanischen Psychoanalytikers Sydney Pulver besser, der zu dem Schluß kam: „There is no such thing as *the* manifest dream.“ Es ist deshalb fragwürdig, selbst dem berichteten manifesten Traum einen festen Inhalt zuzuordnen. Der Schlafende erlebt eine Traumerfahrung, die zumeist visuell organisiert ist. Diese Traumerfahrung ist nur zum Zeitpunkt des Träumens zugänglich, denn schon kurze Zeit darauf unterliegt sie der Erinnerungstäuschung und der von Freud postulierten sekundären Bearbeitung. Was dann am Morgen, Stunden oder manchmal auch Tage später allein oder vis-à-vis einem Therapeuten auf der Folie einer bestimmten Übertragungs- und Gegenübertragungsbeziehung erinnert und berichtet werden kann, unterscheidet sich deutlich von der ursprünglichen Traumerfahrung. Zum Erzählen des Traumes kommen die Einfälle hinzu, die vor, während und nach dem Traumbericht erfolgen können, so daß manche Psychoanalytiker davon ausgegangen sind, den Inhalt einer gesamten Sitzung als Einfälle zum Traum zu betrachten (was aber übersehen läßt, daß in einer Stunde nicht selten mehrere konflikthafte Themen voneinander abgegrenzt werden können, die nicht immer einen Zusammenhang untereinander aufzuweisen brauchen). Auf jeden Fall können sich Nuancen des erinnerten und erzählten manifesten Traums und seines Erzählkontextes sehr rasch verändern, selbst wenn ein Kernerleben des Traumgeschehens mehr oder weniger über die Zeit konstant bleibt.

Traumdeutung ohne Theorie?

Freud verglich, orientiert am hermeneutischen Vorbild der philologischen Arbeit, die Tätigkeit der Traumdeutung mit der Übersetzung und Beurteilung eines fremdsprachigen Textes: Wie auch diese, versucht die Traumdeutung den nicht offen zutage tretenden Sinn zu entschlüsseln.

Aus heutiger Sicht läßt sich die Freudsche Exposition der Traumdeutung einerseits als ein explizit hermeneutisches Verfahren begreifen; zum anderen geht – von ihm selbst unbemerkt – ein Vorverständnis in seine Deutungskunst mit ein, das – wie der Psychoanalytiker Manfred Bartels (1979) aufgezeigt hat – gemessen am Programm einer Hermeneutik inkonsequent ist, weil damit ein fremder Sinn, eine funktionale Bestimmung des Traums in den Text hineingetragen wird. Denn der Freudschen Traumdeutung liegt ja die zentrale Annahme zugrunde, daß jeder Traum die *Funktion* hat, auf kaschierte Weise einen verdrängten Wunsch zu erfüllen. Folgerichtig haben sich auch an diesem „Vorverständnis", das sich eben nicht auf empirisch hermeneutischem Weg ergibt, sondern ein zunächst unbewiesenes Axiom darstellt, die nachfolgenden Häupter anderer Schulrichtungen gestoßen. So äußerte sich z. B. C. G. Jung zu diesem Punkt dahingehend, daß bei Freuds

Deutungen, nie mehr herauskommen würde, „als was nach seiner Theorie drin stehen darf“ (C. G. Jung, 1933, S. 174).

Die Annahme, daß nahezu jedem Traum die Erfüllung oder zumindest der Versuch der Erfüllung eines im Wachbewußten abgewehrten Wunsches zugrunde liegt und daß die selbst im Traum nicht gänzlich inaktive Abwehr in Form einer Traumzensur den anstößigen Wunsch entstellt, wozu ihr neben der Übersetzung ins Bildhafte und der Symbolisierung, vor allem die Vorgänge der Verdichtung und Verschiebung zur Verfügung stehen, erzwingt die Unterstellung einer zweiten, latenten Sinnebene, die hinter oder unter der ersten, der manifesten Ebene anzusiedeln ist.

Dabei zeigt die rein hermeneutische Vorgehensweise zunächst nur folgendes: In einem ersten Schritt muß die visuell erlebte und noch in der Nacht oder am nächsten Tag erinnerte Abfolge von Traumbildern in einen zumeist als Geschichte organisierten Traumbericht transformiert werden, der in der analytischen Situation dem Analytiker erzählt wird. Das vom Träumer Erzählte gilt deshalb für Freud als der Traum „ohne Rücksicht auf alles, was er vergessen oder in der Erinnerung verändert haben mag“ (Freud, 1916–17a, S. 81). Rätselhaft an dem Berichteten ist in den allermeisten Fällen der Sinn der Handlungszusammenhänge, „weil wir diesen Sinn nicht in unserem Seelenleben unterzubringen wissen“ (Freud, 1900a, S. 655). Dabei sind es nicht einzelne Szenen, die uns befremdlich erscheinen; vielmehr entsteht die Rätselhaftigkeit dieser Szenen erst dann, wenn wir sie mit unserem Wachleben in Verbindung bringen sollen. Es ist nun dieser Bruch zwischen Traum und Wachleben, der in der Freudschen Traumdeutung den Deutungswunsch des Träumers heraufbeschwört.

Bei dem Versuch, die befremdlichen Szenen mit unserer vertrauten, alltäglichen Lebenssituation in einen Zusammenhang zu bringen (Warum träumte ich ausgerechnet diese Szene heute nacht; was hat sie mit meinem momentanen Leben, mit dem, was ich gestern erlebte, zu tun?), setzen wir nicht nur voraus, daß der Traum unsere *eigene* Leistung darstellt, die prinzipiell eine psychologisch zu verstehende Thematik enthält, sondern auch, daß unserer bisherigen Lebensgeschichte eine prinzipielle Sinnhaftigkeit und Einheitlichkeit eignet. Diese ergibt sich, wenn wir den Sinn unserer gegenwärtigen Handlungen auf die Zukunft projizieren und anhand dieser Sinnperspektive den Bedeutungszusammenhang gegenwärtiger und vergangener Erlebnisse definieren. Daß wir je nachdem, wie wir unsere gegenwärtigen Handlungen beurteilen, auch den Sinnhorizont geringfügig, manchmal aber auch stark verändern und deshalb auch vergangene Erlebnisse in einem neuen Bedeutungszusammenhang sehen, macht den interpretativen Anteil an unserem Selbstverständnis und am Verstehen des biographisch Erlebten deutlich.

Der Deutungswunsch ist nun nur deshalb so virulent, weil wir verstehen wollen, wie sich der unverständliche Traumbericht in die Sinnperspektive, die all unseren Handlungen einen Platz in unserem Lebenszusammenhang zuweist, einfügen läßt: „Was kann es nur bedeuten, daß ein nicht sonderlich geliebter Kollege in meinem Traum in meinem Bett lag und mit mir angeregt plauderte? Wie kann ich es verstehen, daß ich heute nacht auf Rollschuhen durch die Gänge der Firma flitzte, obwohl ich seit meiner Kindheit nicht mehr auf Rollschuhen fuhr?"

Ganz im Sinne der Hermeneutik ging Freud davon aus, daß der Traum erst seine Bedeutung gewinnt, wenn er in den Sinnhorizont des Träumers einbezogen wird. Es existiert deshalb auch kein feststehender Schlüssel, nach dem bestimmte Traumdetails in bestimmte fixe und schematische Bedeutungen übersetzt werden könnten. Vielmehr soll der Träumer selbst seine Einfälle dazu äußern, was ihm zu den Einzelheiten seines Traums in den Sinn kommt.

Um von dem manifesten Trauminhalt zu den latenten Traumgedanken zu kommen, bedarf es nach Freud einer Zerlegung des manifesten Traums in seine Bestandteile, ohne Rücksicht auf einen auf den ersten Blick aufscheinenden, aber eben nur scheinbaren Sinn. Im nächsten Schritt gilt es, die Assoziationsfäden, die zunächst von einzelnen Bestandteilen eines Traums ausgehen, in ihren Überschneidungen und Verflechtungen zu einem Gefüge von Gedanken zusammenzuführen. In dem Maße wie dies gelingt verliert der Traum seine prima vista befremdenden Sonderbarkeiten.

Ein weiteres Axiom der Freudschen Traumlehre besteht somit in der Auffassung, daß erst die Assoziationen zu den einzelnen Bestandteilen des manifesten Traums zu den latenten Traumgedanken hinführen. Von diesem Lehrsatz der Freudschen Traumlehre gibt es nur die folgenden Ausnahmen: 1. Wenn man einen Analysanden bereits schon sehr gut kennt und auch weiß, daß Träume ähnlichen Inhalts in modifizierter Form bei ihm immer wiederkehren, kann man gelegentlich auf die sorgfältige Analyse seiner Assoziationen verzichten. 2. Manche Träume scheinen im Hinblick auf ihren Wunscherfüllungsgehalt so offenkundig zu sein, daß sie ähnlich wie manche Kinderträume ohne die Kenntnis der Assoziationen des Träumers deutbar sind. Dennoch warnte Freud selbst bei diesen Ausnahmen von der Regel vor einem zu leichtfertigen Verzicht auf die Assoziationen des Träumers. Denn grundsätzlich gilt, daß erst die Einfälle des Analysanden den Weg zu dem wirklichen Gehalt des latenten Traumes ebnen. Diese Auffassung besitzt nach wie vor Gültigkeit, selbst wenn man Freuds These einer alleinigen Funktion der Wunscherfüllung heutzutage differenzierter betrachten muß.

Dem Analytiker stehen mehrere mögliche Vorgehensweisen offen, wenn er den Analysanden bittet, die einzelnen Teile des manifesten Traums assoziativ zu erläutern. Neben der chronologischen Abfolge gibt es auch die Möglichkeit, sich denjenigen Traumteilen zuzuwenden, in denen Tagesreste zum Ausdruck kommen: „... denn die Erfahrung hat uns gelehrt, daß fast in jeden Traum ein Erinnerungsrest oder eine Anspielung an eine Begebenheit des Traumtags, oft an mehrere eingegangen ist, und wenn wir diesen Anknüpfungen folgen, haben wir oft mit einem Schlag den Übergang von der scheinbar weit entrückten Traumwelt zum realen Leben des Patienten gefunden“ (Freud, 1933a, S. 11). Diese Äußerung des alten Freud klingt im übrigen fast wie eine Vorwegnahme der modernen Erkenntnis, daß es ein starkes Kontinuum zwischen dem

Wachleben und dem Traumbewußtsein gibt. Es scheint, daß er implizit damit auch dem Tagesrest einen bedeutenderen Stellenwert als in früheren Jahren eingeräumt hat. Bis zu diesem Punkt läßt sich Freuds Vorgehensweise im Prinzip auch noch als hermeneutisch kennzeichnen. Wenn er aber ausgehend von den Assoziationen in einem weiteren Schritt eine dem Selbstverständnis des Träumers bislang nicht zugängliche Befriedigung eines unterdrückten Kinderwunsches hypothetisch unterstellt, vollzieht er damit doch einen Wechsel auf eine funktionale Erklärungsebene.

Psychoanalytische Tiefenhermeneutik benötigt theoretische Hintergrundannahmen

Sofern man jedoch die Psychoanalyse nicht nur als hermeneutische Deutungskunst auffaßt, sondern als eine Theorie, die zwar in ihrer Anwendung, d.h. praktisch therapeutischen Vorgehensweise, (tiefen-)hermeneutisch ist, darüber hinaus aber auch eine klinische und psychologische Erklärungsebene enthält oder enthalten sollte, ist diese funktionale Ebene absolut notwendig. Schon früh in diesem Jahrhundert fiel nun aber die von Freud postulierte Wunscherfüllungshypothese in Mißkredit: Reduktionismus, Pansexualismus, Einseitigkeit, Vergangenheitsorientierung, Vernachlässigung adaptiven und evolutionären Denkens wurde ihr unter anderem vorgeworfen. Wenn man von diesen Vorwürfen abzieht, was aus wissenschaftspsychologischer Sicht als Ablehnung rivalisierender ehrgeiziger Zeitgenossen, die Freud übertrumpfen wollten, einzuschätzen ist, so bleibt doch folgendes Fazit übrig: Die meisten Arbeiten vor allem der zweiten Hälfte dieses Jahrhunderts konnten überzeugende theoretische und empirische Belege dafür erbringen, daß Träumen – vor allem innerhalb der REM-Phasen – überwiegend der Lösung emotional bedeutsamer und konfliktträchtiger Ereignisse des Wachlebens gilt; ebenso konnten sie nachweisen, daß hierzu Inhalte des Langzeitgedächtnisses nach entsprechenden erfolgreichen Lösungsstrategien abgesucht werden und daß es bei dieser Suche zu einer Übereinanderlagerung von Problemlösungsmustern kommt, die sich als Verdichtung äußert und streckenweise befremdliche Neuschöpfungen entstehen läßt. Dennoch ist dieser Mustervergleich kein defensiver, sondern ein höchst kreativer Vorgang. Es scheint somit sinnvoll zu sein, von diesem Erklärungsprinzip als Hintergrundannahme bei der tiefenhermeneutischen Entschlüsselung unverständlicher Handlungszusammenhänge im Traum auszugehen.

Wie an verschiedenen Stellen dieser Einführung in die Traumpsychologie deutlich geworden ist, wurden in der Vergangenheit die eher emotionale und impulshafte Seite der Wunscherfüllung und die kognitive Seite der Problemlösung viel zu stark dichotomisiert. Heutzutage ist demgegenüber von einer Affektlogik auszugehen, wie vor allem der Schweizer Psychoanalytiker und Sozialpsychiater Luc Ciompi deutlich gemacht hat: In jeder Emotion steckt auch ein intelligentes Erkennen, und jeder Denkprozeß enthält gefühlsmäßige und intuitive Anteile. Affekte und Wünsche vom Wahrnehmen, Urteilen, Denken und Erinnern allzu stark zu trennen ist immer noch cartesianischen Ursprungs und wurde jüngst von dem Neurologen Antonio Damasio als Descartes Irrtum beschrieben, der zum Teil verhängnisvolle Auswirkungen bis zum heutigen Tag hat.

In den verschiedenen Problemlösungen eines Menschen in Vergangenheit und Gegenwart sind deshalb immer wunscherfüllende Komponenten enthalten, wie z.B. ein Sich-abgrenzen-Können oder ein die eigene Person Zur-Geltung-Bringen. Diese Sichtweise erübrigt auch die landläufige Polarisierung zwischen der klassischen Psychoanalyse und der psychoanalytischen Selbstpsychologie hinsichtlich der Bestimmung von Traumfunktionen. Letztere hatte insbesondere im Anschluß an den Selbstpsychologen Heinz Kohut und in Abgrenzung gegenüber Freud immer wieder betont, daß bestimmte Träume den Zustand des Selbst unmittelbar anzeigen und daß es sinnlos, ja sogar schädlich sein könne, nach einer dahinterliegenden Bedeutung zu suchen. Träumen diene auch nicht der Erfüllung sexueller, aggressiver und narzißtischer Wünsche, sondern habe eine das Selbst stärkende Funktion. Dabei ist es sicherlich richtig, daß viele Traumszenen einen unmittelbaren Bezug zum Selbst enthalten: In unseren Träumen bewerten wir unsere Handlungen daraufhin, ob sie erfolgreich sind oder nicht, ob sie in Übereinstimmung mit unseren Idealen und Wertvorstellungen stehen, und wir erleben Gefühle von Stolz und Selbstachtung angesichts unserer Taten, manchmal aber auch Scham und Verletzung unseres Stolzes. Obwohl die meisten Handlungen in unseren Träumen einen Bezug zu unserem Selbst und zu unserem Selbstwert aufweisen, schließt dies selbstverständlich nicht aus, daß in den Träumen auch andere Wünsche eine Rolle spielen. Sinnvoller scheint es deshalb zu sein, die diversen Aspekte des Traumgeschehens, ob sie nun stärker selbstwertfördernder Art sind oder mehr sinnlich-sexuelle Wünsche, das Kontakterleben oder die Durchsetzung, Geltung, Selbstbehauptung und Einflußnehmenwollen betreffen, unter den Vorgang der Problemlösung zusammenzufassen. Problemlösung im Traum meint, wie ausgeführt, nicht in erster Linie das Lösen von intellektuell-kniffeligen Problemen, sondern überwiegend das von existentiellen Lebensthemen. Diese hierarchische Betrachtungsweise schließt dann nicht aus, daß es eine ganze Gruppe von Träumen gibt, in denen es vorrangig um die Kompensation eines verletzten Selbstwertgefühls geht. So hat z. B. die Münchner Psychoanalytikerin Ursula Grunert von narzißtischen Restitutionsversuchen im Traum gesprochen und darunter eine selbstreparative Funktion des Träumens verstanden, die vor allem bei solchen Menschen anzutreffen sei, die in ihrer Kindheit starke narzißtische Traumatisierungen erlitten haben, wie z. B. die Erfahrung, als Kind ungewollt zu sein und abgelehnt zu werden. Tagesereignisse, die als Kränkung des Selbstwertgefühls erlebt wurden, erzeugen den Wunsch nach einer narzißtischen Restitution im Traum, welche das Selbstwertgefühl stabilisieren kann.

Auch der von der Jungianischen Schule so stark favorisierte kompensatorische Aspekt des Träumens läßt sich unter die problemlösende Funktion subsumieren. So beinhaltet z. B. die Aktivierung von geglückten Problembewältigungen, die in manchen frohgemuten Stunden in der Kindheit stattgefunden haben, aber im Wachbewußtsein längst vergessen sind, ein kompensatorisches Erleben.

Die verschiedenen Deutungsebenen des Traums

Spätestens seit der zusammenfassenden Darstellung durch Werner Kemper (1955) hat es sich in der psychoanalytischen Traumdeutung eingebürgert, von vier Deutungsperspektiven unabhängig von der funktionalen Bestimmung auszugehen: Die in den Träumen aufscheinenden Narrative und Szenen lassen sich jeweils auf einer sogenannten Objektstufe, Subjektstufe, Übertragungsebene und einer kategorialen Ebene verstehen. Alle vier Ebenen wurden ursprünglich von Freud begründet; die Subjektstufe wurde allerdings von C. G. Jung bevorzugt und theoretisch ausgeweitet, die kategoriale Deutung von Schultz-Hencke weiter vertieft.

Bei der *Objektstufendeutung* werden die in den einzelnen Szenen auftretenden Personen auf Eltern, Geschwister und andere wichtige Menschen aus der Vergangenheit bezogen. In einem Bild von einer Frau z.B. verdichten sich verschiedene erlebte Eigenschaften der eigenen Mutter, der Schwestern, Lehrerinnen etc. Bei der *Subjektstufendeutung* verkörpern die Personen des Traums Aspekte des eigenen Selbst, was allein schon deshalb plausibel ist, weil die Wahrnehmung anderer Menschen ja auch immer eine Projektion eigener Persönlichkeitsanteile enthält. Eine Deutung auf der *Übertragungsebene* thematisiert die Anspielungen des Träumers auf die Person des Analytikers. Bei der *kategorialen* oder *dynamischen Deutung* erfolgt eine Klassifikation entsprechend der klassischen Triebtheorie in unterscheidbare Antriebsbereiche, wie z.B. Träume mit oralem, analem oder genitalem Inhalt.

Anhand eines etwas ausführlicheren Traumbeispiels soll die skizzierte moderne psychoanalytische Traumauffassung noch einmal verdeutlicht werden, wobei aus Platzgründen darauf verzichtet werden muß, den Kontext des Stundenanfangs, die sogenannten Begleitumstände des Traumberichtens zu schildern und eine genauere Charakterisierung des Patienten, eine Beschreibung seiner Lebensgeschichte sowie eine Zusammenfassung früherer Stundeninhalte wiederzugeben – genaugenommen würde das aber zu einer korrekten Trauminterpretation dazugehören.

Ein männlicher Patient berichtet folgenden Traum: Er kommt aus einem Einrichtungshaus, zusammen mit seiner Frau, die ihn untergehakt hat. Plötzlich bemerkt er, daß sich von hinten ein Mann nähert; dieser schiebt einen Kinderwagen vor sich her. Er kann jetzt erkennen, daß dies der Verkäufer aus dem Einrichtungshaus ist. Aus dessen vormals freundlichem Gesicht ist nun eher eine grinsende Fratze geworden. Der Mann versucht ihm den Kinderwagen in die Kniekehlen zu drücken. Es hätte nur noch wenig gefehlt, und er wäre rücklings in diesen Kinderwagen gefallen. Es sei ihm aber gerade noch gelungen, seitlich auszuweichen. In diesem Moment sei er aufgewacht.

Was ihm zu diesem Traum einfalle? So gut wie nichts. Doch: In diesem Einrichtungshaus, das im Traum auftaucht, habe er vor einigen Jahren zusammen mit seiner Frau ein komplettes Schlafzimmer gekauft. Ein ungewöhnliches Verhalten von ihm, weil er Einrichtungsangelegenheiten sonst immer seiner Frau überlasse, die ohnehin in diesen Dingen einen besseren Geschmack habe als er. Er erinnere, daß ihm dieser Verkäufer allzu freundlich vorgekommen sei. Wann immer ihm ein derartiges Verkäuferverhalten begegne, reagiere er mit starkem Mißtrauen. Übergangslos erzählt er dann, daß er am Vortag in der Zeitung über ein Gespräch mit Andrew Grove, dem Chef des Chipherstellers Intel, gelesen habe. Sein neu erschienenes Buch trägt den Titel *Nur die Paranoiden überleben,* und darin habe Grove die Auffassung vertreten, daß lediglich konstantes und permanentes Lernen der Wirtschaft helfe, sich in der weltweit immer härter werdenden Konkurrenz zu behaupten. Die Deutschen aber hätten noch nicht genügend Angst, um entsprechend lernbereit und tatkräftig auf die neuen Herausforderungen zu reagieren. Aber die Globalisierung und der weltweite Wettbewerb ließen sich eben nun einfach nicht mehr zurückschrauben. Das habe ihn sehr überzeugt, obwohl er sich natürlich oft darüber Gedanken mache, wohin dieser Wettbewerb eines Tages führen werde. In seiner Jugend habe er ja auch mal aufmüpfige Gedanken gehabt und gegen das Establishment aufbegehrt, aber heute empfinde er eher Sympathien für kreative und erfolgreiche Unternehmer, wie z.B. den Microsoft-Chef Bill Gates, der es vor kurzem sogar geschafft hat, bei seinem Erzrivalen Apple einzusteigen.

Gestern habe er auch wieder einmal daran gedacht, ob er nicht endlich wieder neue Mitarbeiter einstellen solle, auch wenn derzeit damit ein ziemliches Risiko verbunden sei. Oder sei es besser, das Erreichte zu konsolidieren? Wieder einmal eine wichtige Weichenstellung in seinem Leben. Sicherlich, um sich zur Ruhe zu setzen, hätte er noch ein paar Jahre Zeit, obwohl er es vom Finanziellen her schon längst könne, aber ihn reize eben auch die Herausforderung. Natürlich wisse er, daß damit auch wieder Aufregung und Streß verbunden seien, möglicherweise auch Ärger, wenn doch nicht alles so gut laufen würde wie erwartet; aber würden die Ärzte und Psychotherapeuten nicht auch vom Eustreß sprechen, der belebend sei? Stehenbleiben, stagnieren oder ein downshifting, also ein Herunterschrauben der beruflichen Leistungen oder gar ein Aussteigen aus dem bisherigen Beruf – wovon neuerdings einige Freunde schwärmen – käme für ihn wohl nicht in Frage. Das könne er mit seinem Bild von Männlichkeit und mit seinem Selbstwertgefühl nicht in Einklang bringen, obwohl es ihn sicherlich reizen würde, einmal das zu tun, wozu er aufgrund der fünfzig bis sechzig Stunden wöchentlicher Arbeitszeit überhaupt nicht komme. Aber er leiste sich ja seit einiger Zeit eine Psychoanalyse und empfinde diese paar Stunden in der Woche als durchaus wohltuend, auch wenn es ihm manchmal ein schlechtes Gewissen bereite, daß er sich einfach so viel Zeit für sich nähme, in der ja nicht sehr viel Produktives entstehe. Oder etwa doch? Aber allein das Liegen sei schon eine Wohltat für ihn, und ein paar Mal sei er ja hier auf der Couch auch schon fast eingeschlafen.

Der Therapeut dachte in diesem Augenblick daran, weshalb dieser Patient, ein erfolgreicher Eigentümer eines mittelständischen Industrieunternehmens, vor einigen Monaten auf Anraten seines Hausarztes um Therapie nachgefragt hatte: Bluthochdruck, Eheschwierigkeiten und immer wieder Probleme mit seinen Mitarbeitern. Ein tatkräftiger Mann, von großem Fleiß und guter kaufmännischer Begabung, aber im Zwischenmenschlichen immer wieder von der Angst beseelt, von seinen Mitarbeitern betrogen und ausgenützt zu werden. Dies hatte bei ihm dazu geführt, immer mehr Angelegenheiten selbst in die Hand zu nehmen, anstatt sie zu delegieren. Wobei er damit auch vor sich selbst rechtfertigen konnte, immer noch mehr zu arbeiten, um damit den Anspruch, noch erfolgreicher zu werden, Genüge zu tun. Denn er wollte endlich von jenem Gefühl der Unterlegenheit befreit werden, das er seit den Tagen seiner Kindheit mit sich herumtrug; dies hatte sich entwickelt im Schatten seines vor allem schulisch erfolgreicheren älteren Bruders und unter der Fuchtel eines Vaters, der auch sportlich immer wieder Höchstleistungen von seinen Söhnen verlangt hatte. Heute war er ein Patient, der aber schon nach wenigen Wochen die therapeutische Erfahrung zu genießen begann und sich zum ersten Mal in seinem Leben so etwas wie ein Ausspannen gönnte, das er freilich als nützliche Erholung umdefinieren mußte. Denn sich gegenüber einem Mann einzugestehen, daß er Bedürfnisse nach Anerkennung, nach einem harmonischen Zusammensein mit einem Mann-Vater hatte, das nicht durch ständiges Konkurrierenmüssen oder das Einklagen von Leistungen abgewehrt wurde, war noch zuviel verlangt. Oder sich gar den Wunsch zu erlauben, vom Vater auch ohne großartige Leistungen anerkannt zu werden und sich an ihn anlehnen zu dürfen, war noch jenseits des Vorstellbaren. Aber in seinem Problem vom Vortag klang der Konflikt deutlich an, zwischen dem männlichen Expansivsein und dem Bedürfnis nach Passivität, Ausruhen und nicht immer auf neue Ziele Ausgerichtet-sein-Müssen. Andrew Grove und Bill Gates standen für sein ehrgeiziges Streben nach weiterer Machtfülle und Einfluß, seine Familie, einige seiner

Freunde und die analytische Situation verkörperten für ihn das Zu-sich-selbst-Kommen und die vernachlässigte Seite in ihm. Wie eine unablässig laufende Maschine hatte er in den zurückliegenden zwanzig Jahren die lebendige Rhythmik von Anspannung und Entspannung nahezu vollständig mißachtet. Sicherlich spielte er am Wochenende Tennis; aber auch dieses weckte in ihm ausschließlich seinen Kampfgeist und erinnerte ihn an die matches mit seinem Bruder und seinem Vater, gegen die er so manches Mal verloren hatte. Vor allem aber konnte er zu wenig Vertrauen in seine Mitmenschen haben und glaubte, alles alleine machen zu müssen. Warum nur gab es dieses Mißtrauen in ihm, ausgenommen und hintergangen zu werden? Wenn diese Befürchtung in ihm nicht so stark wäre, könnte er auch neue Mitarbeiter einstellen; Aufträge hätte die Firma genug.

Im Traum tritt nun ein Verkäufer mit einem Kinderwagen auf. Ob dieser wohl auch den Analytiker verkörpert? Er verkauft eine Schlafzimmergarnitur. Erinnert dies nicht unmittelbar an die analytische Couch, aber auch an die eheliche Gemeinsamkeit? Steht nicht das Schlafzimmer auch für Ausruhen und Entspannung, sicherlich auch für sinnlich sexuelles Genießen? Und stellt die analytische Situation nicht auch eine Aufforderung zum Loslassen und zum Entspannen, zum Vertrauenkönnen dar? Der Verkäufer schiebt dem Träumer den Kinderwagen von hinten in die Kniekehlen. Könnte dies bedeuten, daß der Patient sich von seinem Therapeuten auch zur Regression genötigt fühlt oder vielleicht sogar den Wunsch hat, er möge ihn zum Loslassen und Regredieren zwingen, was er sich selbst aufgrund seiner verinnerlichten forcierten Rivalitätsneigung und seines Zwanges zum männlichen Erfolg-haben- und Sich-bewähren-Müssen nicht eingestehen darf? Der Verkäufer kommt von hinten; also wohl eine Handlung, die eher aus dem Hinterhalt heraus erfolgt und eine gewisse Heimtücke beinhaltet, vor der man sich in acht zu nehmen hat. Kann man also dem Analytiker-Vater wirklich schon trauen? Oder lockt dieser nur mit Versprechungen, die er dann doch nicht einzuhalten bereit ist? Und arbeitet nicht auch sein

Analytiker ziemlich viel? Hat er ihm nicht kürzlich sogar eine Abendstunde um 18 Uhr angeboten, also zu einer Zeit, wo andere sich schon längst Feierabend gönnen? Gehört er nicht selbst zu denen, die sich gar nicht an das halten, was sie ihren Patienten nahelegen? Darf man dann aber wirklich vertrauen, oder muß man nicht zu Recht auf der Hut sein? In dem Moment, in dem man vertraut oder schlappmacht, wird man überwältigt. Aber Gott sei Dank hat er sich ja noch im richtigen Moment umgedreht und den Verkäufer bemerkt und war zur Seite gesprungen, und bevor irgend etwas geschehen konnte, brach der Traum ja ab.

So oder ähnlich lauteten die Gedanken dieses Mannes, die seinen bewußten Konflikt um Loslassen und Vertrauenkönnen zum Inhalt hatten. Der Traum griff das Problem vom Vortag auf: Expandieren, neue Mitarbeiter einstellen oder nicht? Aber schon immer hatte er sich mit derartigen Entscheidungen ziemlich schwergetan. Dabei spielten nicht nur ökonomische Überlegungen eine Rolle; denn im nachhinein wäre es fast immer nur von Vorteil gewesen. Nein, es gab eine Seite in ihm, die ihn daran hinderte, Vertrauen in die Leistungen anderer Menschen haben zu können. In der analytischen Behandlung hatte sich dieser Konflikt nun fokalisiert und auf die Person seines Therapeuten übertragen. Würde ihm dieser wirklich helfen können? Und würde er es schaffen, seinem Therapeuten zu vertrauen? Der Traum greift den Konflikt auf; er bleibt wachsam und bemerkt die Absicht des Verkäufers. Vielleicht ist der Affekt im Traum zu stark geworden und hat diesen unterbrochen.

Für den Therapeuten war dieser Traum eine willkommene Gelegenheit, den Vertrauenskonflikt seines Patienten nicht nur als Problem in der äußeren Realität, sondern auch in der Beziehung zu ihm, in der sich letztlich die Veränderung ereignen muß, aufzugreifen und zu bearbeiten. Für Patienten ergibt sich anhand der Traumbearbeitung oftmals ein besonders starkes Gefühl der Evidenz: Die Person im Traum zeigt nicht nur Züge von XY, sondern auch vom Therapeuten. Das Problem vom Vortag spiegelt sich auch im Beziehungsproblem auf der

Couch wider. Anstatt eher rational von Problemen der Gegenwart oder auch von vermuteten Ursachen in der Vergangenheit zu reden, werden Patienten in der Regel von der gefühlshaften Dramatik und Bildhaftigkeit ihrer Träume ergriffen und können aufgrund dieser im Hier und Jetzt erlebten Gefühle viel überzeugender einen Zugang zu ihren Beziehungskonflikten finden. Natürlich ist es aus therapeutischer Sicht nicht damit getan, die lebensgeschichtlich wichtigen konflikthaften Themen lediglich einmal zu erfahren, sondern vielmehr muß daran kontinuierlich gearbeitet werden. Viele Facetten eines Konfliktthemas gilt es dann sowohl in der Beziehung zum Therapeuten als auch im Kontakt mit anderen Menschen Schritt für Schritt auf neue Weise zu erleben und anders zu gestalten.

Im Paradigma der klassischen Traumtheorie Freuds hätte nun z.B. rekonstruiert werden können, daß ein homosexueller Wunsch aus dem gleichgeschlechtlichen ödipalen Erleben mit dem Vater, vielleicht auch mit dem älteren Bruder vermittels eines Tagesrestes als Aufhänger in versteckter Form nach einer Abfuhr bzw. Wunschbefriedigung sucht. Wie die Formulierung bereits nahelegt, wäre hierbei der Schwerpunkt der Betrachtung mehr auf dem isolierten Wunscherleben, weniger auf dem erlebten Beziehungsgefüge. Die unbewußten Vorgänge folgten hierbei keiner rationalen Logik und Absichtlichkeit, sondern dienten nur der raschestmöglichen Triebbefriedigung entsprechend einer unbewußten primärprozeßhaften Logik; der Wunsch, der eigentlich dem Vater gilt, wird auf den Analytiker übertragen und im Traum wegen der Zensur an die Person eines Verkäufers adressiert. Primär ist die Befriedigung des Triebimpulses als eines unsterblichen Kinderwunsches. Wenn man die klassische Wunscherfüllungstheorie Freuds zusammen mit seinen energietheoretischen Erklärungen im Rahmen eines brodelnden Kessels von Triebimpulsen betrachtet, ist sie mehr als überholt. Gleichwohl ist die Hypothese einer Wunscherfüllung, die einer Problemlösung inhärent ist, deswegen keineswegs abzulehnen. Aber ein Teil der detektivischen Suchhaltung mittels einer Rückgängigmachung der

Traumarbeit wird hinfällig. Vielmehr gilt es jetzt anhand der Assoziationen des Betreffenden die gemeinsame Schnittmenge der Verdichtungen aufzuspüren und die Bilder und Symbole in eine etwas abstraktere Begrifflichkeit zu übersetzen. Lediglich im Vorgang der Verschiebung bleibt eine Abwehrtätigkeit erhalten. Der Konflikt mit dem Analytiker, in dem sich ein früherer Konflikt mit wichtigen Bezugspersonen abbildet, darf nicht unmittelbar Eingang in den Traum finden; statt dessen wird auf ein ähnliches Konfliktthema mit einer gänzlich anderen Person zurückgegriffen. Die Einfälle zu den Erlebnissen und Gedanken des vergangenen Tages weisen in der Regel den Weg zu den Träumen: Das am Tage erlebte Mißtrauen gegenüber der Verläßlichkeit anderer Menschen, das sich bei diesem Mann oft genug hinderlich ausgewirkt hatte, taucht auch gegenüber seinem Analytiker auf und verweist zugleich auf tieferliegende Konflikte. Ob nun dieses Mißtrauen auf mangelhafte Bindungserfahrungen, Trennungstraumatisierungen und ähnliche Erlebniskonstellationen zurückgeht, vielleicht auch auf verdrängte homoerotische Wünsche, ist diesem Traum nicht an der Nasenspitze anzusehen. Trauminterpretationen klassischer Art, die angesichts dieser „Beweislage" z. B. den Wunsch nach und die gleichzeitige Angst vor Homosexualität rekonstruierten, konnten dies leichter tun, da die klassische Auffassung über Verdichtung und Symbolisierung als Abwehrvorgang größere interpretative Freiräume ließ. In dem skizzierten neuen Traumverständnis müßten sich anhand der Gedanken und Erlebnisse vom Vortag aber stärkere Evidenzen für einen derartigen Wunsch entsprechend dem Postulat eines Kontinuums von Wach- und Traumerleben ergeben. Erst wenn die Durcharbeitung des Mißtrauens dann neue Wünsche auftauchen läßt, die sich im Tageserleben abbilden, eröffnet sich unter Umständen eine „tiefere" Interpretationsebene.

Zur kommunikativen Funktion des Traumberichtens

Freud hat sich noch nicht sehr intensiv mit der Thematik beschäftigt, warum Patienten zu bestimmten Zeitpunkten

Träume erinnern und diese erzählen. Er interessierte sich mehr für die Psychologie des Traumprozesses und der Traumarbeit, wobei er aber durchaus darauf achtete, wie sich die unsterblichen Kinderwünsche, die ursprünglich Eltern und Geschwistern galten, auf die Person des Therapeuten übertragen. Mit der Psychologie der Mitteilungsfunktion von Träumen haben sich z.B. Mark Kanzer, John Klauber, Fritz Morgenthaler und jüngst der Münchner Psychoanalytiker Michael Ermann auseinandergesetzt.

In den letzten Jahren ist vor allem die Auffassung von Morgenthaler über den Mitteilungscharakter des Traums bekannt geworden. Morgenthaler hat daraus auch eine neue Konzeption, die sogenannte Traumdiagnostik, abgeleitet. Nach Morgenthaler ist es „niemals zufällig oder gleichgültig, ob und wem ein Traum erzählt wird". Morgenthaler richtet seine Aufmerksamkeit zunächst auf die Begleitumstände der Traumerzählung, wie z.B. auf dasjenige Geschehen verbaler und paraverbaler Art, das sich vor, während und nach dem Berichten eines Traums ergibt. Darüber hinaus konzentriert er sich vor allem auf die Funktion der Traumerzählung im analytischen Geschehen; die Trauminhalte werden demgegenüber sekundär. Morgenthaler nennt seine Herangehensweise „Traumdiagnostik" und versteht sie als notwendige Erweiterung der Freudschen Traumdeutung im Sinne einer radikalen Anwendung auf die analytische Situation im Hier und Jetzt der Beziehung.

Ermann hat den Morgenthalerschen Ansatz dahingehend erweitert, den Traumbericht wie einen freien Einfall zu betrachten. Die herkömmliche Fokussierung auf das Intrapsychische des Traumgeschehens habe übersehen, daß das Berichten eines Traums immer eine kommunikative und beziehungsdefinierende Funktion hat. Wenn ein Patient einen Traum berichtet, signalisiert er damit nicht nur eine Einladung an sein Gegenüber, das Traumgeschehen mit ihm zusammen genauer zu studieren. Vielmehr kann darin auch ein Rückzug zum Ausdruck kommen, z.B. wenn der Traum schwerverständlichen Inhalts ist, eine Provokation, z.B. wenn der Träumer so gut wie keine Einfälle zu haben scheint und das Können des Therapeuten herausgefordert wird, eine verführerische Nähe, z.B. wenn der Träumer besonders intime Details oder Wünsche erzählt, oder auch ein Geschenk, wenn z.B. auf der Übertragungsebene Dankbarkeit und Zufriedenheit ausgedrückt werden oder das Erzählen eines Traums bereits wie eine Zueignung erlebt wird und vieles andere mehr. Daß das Erzählen von Träumen auch der Abwehr dient, ist manchmal ganz deutlich zu spüren. So assoziierte z.B. eine Patientin mit einer deutlichen Borderline-Störung zu ihrem Traum jeweils einen neuen Traum in einer nahezu unablässigen Folge; bei anderen Patienten hatte der Therapeut den Eindruck, daß er mit nichtssagenden oder schlicht undeutbaren, weil total kryptischen Träumen vom eigentlichen Thema abgelenkt werden sollte.

Im interpersonellen Verständnis der Psychoanalyse ist das Begreifen der unbewußten Beziehungsphantasie, die zu dem Traumbericht in dieser Stunde und an dieser Stelle geführt hat, wichtiger als die Entschlüsselung eines Trauminhalts. Würde ein Therapeut z.B. das Gefühl haben, er solle von seinem Patienten mit einem Traum abgespeist werden, wäre es von Nachteil, wenn er ihn nach seinen Einfällen zum Traum fragen würde, weil er damit das unbewußte Beziehungsthema des Patienten nicht aufgegriffen hätte.

Wenn man nun das neuere Traumverständnis heranzieht, das nicht länger auf das Bewußtmachen latenter unbewußter Kindheitswünsche, die sich zufälliger trivialer Tagesreste bedienen, zielt, so relativiert sich dieses interpersonelle Traumkonzept allerdings wieder ein wenig. Denn das skizzierte Konzept geht davon aus, daß bereits im Traum*inhalt* ein wichtiger Konfliktbereich aus dem Alltag zum Ausdruck kommt, der aber auch im unbewußten Beziehungsgeschehen zwischen Patient und Therapeut vertreten ist. Der Inhalt, nicht nur seine Mitteilung, ist also bereits schon in einem unterschiedlich großen Ausmaß von konflikthaften Beziehungsphantasien geprägt. Beides bleibt somit gleich wichtig: Mitteilung wie Inhalt eines Traums können gleichsinnigen Beziehungsphantasien entspringen; gelegentlich kann die Art und Weise der Mitteilung aber auch quer zum Inhalt stehen. Bedeutsam ist aber auf jeden Fall, daß die Phantasie über die konfliktive Beziehungsdynamik auch von unbewußten Konflikten und Ambivalenzen des Therapeuten mitbestimmt sein *kann.* Zur Illustration dieser These noch ein letztes kurzes Beispiel:

Eine Patientin erzählte folgenden Traum: Sie liegt im Bett in dem Zimmer des Hauses, in dem sie als Kind aufwuchs. Sie ist wach. Neben ihr liegt ihre Liebhaberin und schläft. Die Tür zum angrenzenden Bad ist offen, und ihre Eltern stehen im Türrahmen. Ihr Vater sagt: Die besitzen noch nicht einmal den Anstand, die Tür zuzumachen. Die Mutter schweigt.

Die Patientin drückte mit diesem Traum offensichtlich die tiefe Abneigung beider Eltern vor einer gleichgeschlechtlichen Beziehung aus, was sie am Vortag wieder einmal in ihrem Erleben beschäftigt hatte.

Die Therapeutin fragte sich nun, ob diese schweigenden und mißbilligenden Eltern im Türrahmen nicht auch eine Spaltung in ihr selbst benannten. Wurde die Therapeutin als Mutter geträumt, die in einem schweigenden Einvernehmen mit dem Vater steht, der wiederum die klassische psychoanalytische Theorie der Homosexualität verkörpert, nach der diese als ein psychopathologisches Verhalten aufgefaßt wird? Drückte die Patientin in ihrem Traum damit nicht auch die schwankende Einstellung ihrer Therapeutin zu diesem Themen- und Erlebnisbereich aus, die sie unbewußt zu ahnen schien? Als die Therapeutin sich ihre eigene Ambivalenz bewußtmachte, konnte sie in dem Elternpaar auch ihren Beitrag zum Traumbericht erkennen.

Gerade die Einbeziehung dieser interpersonellen Dimension in ein verändertes Traumverständnis macht in der Gegenwart die anhaltende Faszination des verstehenden Umgangs mit Träumen aus. Daß trotz eines Jahrhunderts Traumdeutungspraxis so manche Frage immer noch ungeklärt ist, verwundert angesichts der Komplexität dieser Thematik allerdings nicht.

Literaturhinweise

1. Das Faszinosum des Traums

Einführende Literatur u. a.:

Artemidor (1991). Traumkunst. Leipzig: Reclam.

Hamburger, A. (1995). Wenn Paare sich im Traum begegnen. Freiburg: Herder.

Hobson, A. J. (1988). The dreaming brain. New York: Basic Books.

Fromm, E. (1989). Märchen, Mythen, Träume. Eine Einführung in das Verständnis einer vergessenen Sprache (1951). In: Ders. Gesamtausgabe, Bd. IX, (S. 169–309). München: dtv.

Kemper, W. (1955). Der Traum und seine Be-Deutung. Reinbek: Rowohlt.

Stevens, A. (1996). Vom Traum und vom Träumen. Deutung, Forschung, Analyse. München: Kindler.

Ulmann, M. & Zimmermann, N. (1986). Mit Träumen arbeiten. Stuttgart: Klett.

vom Scheidt, J. (1992). Geheimnis der Träume. Wie man sie entschlüsseln und sich selbst besser verstehen kann. München: Mosaik.

Neuere psychoanalytische Abhandlungen über den Traum:

Benedetti, G. (Hg.) (1998). Botschaft der Träume. Göttingen: Vandenhoeck & Ruprecht.

Boothe, B. (Hg.) (2000). Der Traum – 100 Jahre nach Freuds Traumdeutung. Zürich: Hochschulverlag.

Boothe, B. & Meier, B. (Hg.) (2000). Der Traum. Phänomen – Prozess – Funktion. Zürich: Hochschulverlag.

Deserno, H. (1992). Zum funktionalen Zusammenhang von Traum und Übertragung. Psyche. Zeitschrift für Psychoanalyse und ihre Anwendungen, 46, 959–978.

Deserno, H. (Hg.) (1999). Das Jahrhundert der Traumdeutung. Perspektiven psychoanalytischer Traumforschung. Stuttgart: Klett-Cotta.

Flanders, S. (Ed.) (1993). The dream discourse today. London: Routledge.

Gekle, H. (1992). Dummer August. Freuds „Traumdeutung“ als Kritik der traditionellen Vernunft. Psyche. Zeitschrift für Psychoanalyse und ihre Anwendungen, 46, 897–922.

Hamburger, A. (1987). Der Kindertraum und die Psychoanalyse. Ein Beitrag zur Metapsychologie des Traums. Regensburg: S. Roderer.

Hamburger, A. (2000). Traumnarrative. Interdisziplinäre Perspektiven einer modernen Traumtheorie. In: J. Körner & S. Krutzenbichler (Hg.), Der Traum in der Psychoanalyse (S. 29–48). Göttingen: Vandenhoeck & Ruprecht.

Körner, J. & Krutzenbichler, S. (Hg.) (2000). Der Traum in der Psychoanalyse. Göttingen: Vandenhoeck & Ruprecht.

Marinelli, L. & Mayer, A. (Hg.) (2000). Die Lesbarkeit der Träume. Zur Geschichte von Freuds „Traumdeutung". Frankfurt/M.: Fischer-Tb.
Materialien aus dem Sigmund-Freud-Institut (1995). Traum und Gedächtnis. Münster: Lit.
Meltzer, D. (1988). Traumleben. Eine Überprüfung der psychoanalytischen Theorie und Technik. Stuttgart: Verlag Internationale Psychoanalyse.
Mentzos, S. (1995). Traumsequenzen. Zur Psychodynamik der Traumdramaturgie. Psyche. Zeitschrift für Psychoanalyse und ihre Anwendungen, 49, 653–671.
Mertens, W. (2001). Was bleibt von Freuds Traumpsychologie? Metapherntheoretische Überlegungen zu den Abwehrvorgängen im Traum. Zeitschrift für psychoanalytische Theorie und Praxis, 16, 123–148.
Mertens, W. (2002). Was ist von Freuds Traumpsychologie geblieben? Der Traum von der botanischen Monographie im Licht heutiger Forschungsbefunde. In: R. Zwiebel & M. Leuzinger-Bohleber (Hg.), Träume, Spielräume I. Aktuelle Traumforschung (S. 8–40). Göttingen: Vandenhoeck & Ruprecht.
Moser, U. & von Zeppelin, I. (1996). Der geträumte Traum. Wie Träume entstehen und sich verändern. Stuttgart: Kohlhammer.
Segal, H. (1996). Traum, Phantasie und Kunst. Stuttgart: Klett-Cotta.
Solms, M. (1997). The neuropsychology of dreams. A clinico-anatomical study. Mahwah, N.J.: Lawrence Erlbaum.
Starobinski, J., Grubrich-Simitis, I. & Solms, M. (1999). Hundert Jahre ‚Traumdeutung' von Sigmund Freud. Frankfurt/M.: S. Fischer.
Strunz, F. (1995). Die Traumdeutung zwischen Freud und Jung. Eine Neubewertung der Fundamente. Regensburg: S. Roderer.
Zwiebel, R. & Leuzinger-Bohleber, M. (Hg.) (2002). Träume, Spielräume I. Aktuelle Traumforschung. Göttingen: Vandenhoeck & Ruprecht.

Neuere psychologische und experimentelle Arbeiten:
Hall, C. (1966). The meaning of dreams. New York: McGraw-Hill.
Leuschner, W. (2000). Traumarbeit und Erinnern im Lichte von Dissoziierungs- und Reassoziierungs-Operationen des Vorbewußten. Psyche. Zeitschrift für Psychoanalyse und ihre Anwendungen, 54, 699–720.
Salber, W. (1997). Traum und Tag. Bonn: Bouvier.
Schredl, M. (1999). Die nächtliche Traumwelt: Einblicke in die Traumforschung. Stuttgart: Kohlhammer.
Strauch, I. & Meier, B. (1992). Den Träumen auf der Spur. Ergebnisse der experimentellen Traumforschung. Bern: Hans Huber.

2. Freuds Traumpsychologie und Traumdeutung

Zum Irma-Traum:
Anderson, T. (1986). The specimen dream as a childhood trauma. American Imago, 43, 171–190.

Anspaugh, K. (1995). Repression or suppression? Freud's interpretation of the dream of Irma's injection. Psychoanalytic Review, 82, 427– 442.
Anzieu, D. (1959). L'auto-analyse de Freud et la découverte de la psychoanalyse. Paris: Presses Universitaires. (Dt.: Freuds Selbstanalyse. 2 Bde., München: Verlag Internationale Psychoanalyse, 1990)
Blum, H. (1996). The Irma dream, self-analysis, and self-supervision. Journal of the American psychoanalytic Association, 44, 511–532.
Coen, S. J. (1996). The passions and perils of interpretation (of dreams and texts): An appreciation of Erik Erikson's dream specimen paper. International Journal of Psycho-Analysis, 77, 537–548.
Conigliaro, V. (1997). Dreams as a tool in psychodynamic psychotherapy: Traveling the royal road to the unconscious. Mad. Connecticut: International Universities Press.
Eickhoff, F.-W. (1980). Ein Rückblick auf Sigmund Freuds Traum von Irmas Injektion. In: G. Jappe & C. Nedelmann (Hrsg.), Zur Psychoanalyse der Objektbeziehungen (S. 207–222). Stuttgart: Frommann Holzboog.
Eissler, K. R. (1987). Ein Abschied von Freuds „Traumdeutung". Psyche. Zeitschrift für Psychoanalyse und ihre Anwendungen, 41, 969–986. Erstveröffentlichung in: American Imago, 42, 111–129.
Elms, A. (1980). Freud, Irma, Martha: sex and marriage in the „Dream of Irma's injection". Psychoanalytic Review, 67, 83–108.
Erikson, E. (1954). The dream specimen of psychoanalysis. Journal of the American Psychoanalytic Association, 2, 5–55. (Dt.: Das Traummuster der Psychoanalyse. Psyche. Zeitschrift für Psychoanalyse und ihre Anwendungen, 8, 561–604, 1955.)
Greenberg, R. & Pearlman, C. (1978). If Freud only knew: A reconsideration of psychoanalytic dream theory. International Review of Psycho-Analysis, 5, 71–75.
Grinstein, A. (1968). Sigmund Freud's dreams. New York: International Universities Press (2. Auflage 1980).
Grünbaum, A. (1984). The foundations of psychoanalysis. A philsophical critique. Los Angeles: University of California Press. (Dt.: Die Grundlagen der Psychoanalyse. Eine philosophische Kritik. Stuttgart: Reclam, 1988).
Grunert, J. (1975). Freud und Irma. Genetische Aspekte zum Initialtraum der Psychoanalyse. Psyche. Zeitschrift für Psychoanalyse und ihre Anwendungen, 29, 721–744.
Hartmann, F. R. (1983). A reappraisal of the Emma episode and the specimen dream. Journal of the American Psychoanalytic Association, 31, 555–586.
King, V. (1995). Anna, Irma und Dora – der Schlüssel zu den Müttern im Schöpfungsprozeß der Psychoanalyse. Psyche. Zeitschrift für Psychoanalyse und ihre Anwendungen, 49, 838–866.
Langs, R. (1971). Day residues, recall residues, and dreams: reality and the psyche. Journal of the American Psychoanalytic Association, 19, 499–523.

Mautner, B. (1991). Freud's Irma dream: a psychoanalytic interpretation. International Journal of Psychoanalysis, 72, 275–286.
Meißel, T. (1996). Placebo, Compliance und der Traum von Irmas Injektion. Linz: Edition pro mente.
Politzer, H. (1970). Sigmund Freud als Deuter seiner eigenen Träume. Merkur, 24.
Rhode-Dachser, Ch. (1991). Expedition in den dunklen Kontinent. Weiblichkeit im Diskurs der Psychoanalyse. Heidelberg: Springer.
Schur, M. (1966). Some additional „day residues" of the „specimen dream of psychoanalysis". In: R. M. Loewenstein et al. (Eds.), Psychoanalysis – a general psychology (pp. 45–85). New York.
Schur, M. (1973). Sigmund Freud: Leben und Sterben. Frankfurt/M.: Suhrkamp.
Strunz, F. (1990). Der Traum von Irmas Injektion. Themenpolyphonie und Problemlösung. Zeitschrift für Psychosomatische Medizin und Psychoanalyse, 36, 39–61.
Thomä, H. (1987). Wer war Freuds „Irma"? Anmerkungen zu K. R. Eisslers „A Farewell to Freud's Interpretation of Dreams". Psyche. Zeitschrift für Psychoanalyse und ihre Anwendungen, 41, 987–991.
Zwiebel, R. (1984). Zur Dynamik des Gegenübertragungstraums. Psyche. Zeitschrift für Psychoanalyse und ihre Anwendungen, 38, 193–213.

Arbeiten von Stanley R. Palombo zum Traum:
Palombo, S. R. (1973). The associative memory tree. Psychoanalysis and Contemporary Science, 2, 205–219.
Palombo, S. R. (1976). The dream and the memory cycle. International Review of Psychanalysis, 3, 65–83.
Palombo, S. R. (1978a). Dreaming and memory: A new information-processing model. New York: Basic Books.
Palombo, S. R. (1978b). The adaptive function of dreams. Psychoanalysis and Contemporary Thought, 1, 443–476.
Palombo, S. R. (1980).The cognitive act in dream construction. Journal of the American Academy of Psychoanalysis, 8, 185–201.
Palombo, S. R. (1982). How the dream works: the role of dreaming in the psychotherapeutic process. In: S. Slipp (Ed.), Curative factors in dynamic psychotherapy (pp. 223–242). New York: Mc Graw Hill.
Palombo, S. R (1983). The genius of the dream. American Journal of Psychoanalysis, 43, 301–314.
Palombo, S. R. (1984a). Recovery of early memories associated with reported dream imagery. American Journal of Psychiatry, 141, 1508–1511.
Palombo, S. R. (1984b). Deconstructing the manifest dream. Journal of the American Psychoanalytic Association, 32, 405–420.
Palombo, S. R. (1985a). Can a computer dream? Journal of the American Academy of Psychoanalysis, 13, 453–466.

Palombo, S. R. (1985b). The primary process: A reconceptualization. Psychoanalytic Inquiry, 5, 405–436.
Palombo, S. R. (1988). Day residue and screen memory in Freud's dream of the botanical monograph. Journal of the American Psychoanalytic Association, 36, 881–904.
Palombo, R. S. (1992a). The eros of dreaming. International Journal of Psycho-Analysis, 73, 637–646.
Palombo, S. R. (1992b). Connectivity and condensation in dreaming. Journal of the American Psychoanalytic Association, 40, 1139–1159.

3. Psychoanalytische Traumforscher nach Freud (Erste Hälfte des 20. Jahrhunderts)

Adler, A. (1913). Traum und Traumdeutung. Zentralblatt für Psychoanalyse und Psychotherapie, 3.
Boss, M. (1953). Der Traum und seine Auslegung. Bern: Huber.
Jung, C. G. (1935). Traumsymbole des Individuationsprozesses. Zürich: Eranos Jahrbuch.
Jung, C. G. (1948). Vom Wesen der Träume. Zürich: Rascher.
Lowy, S. (1942). Biological and psychological foundations of dream interpretation. London: Keegan Paul.
Maeder, A. (1912). Über die Funktion des Träumens. Jahrbuch für psychoanalytische psychopathologische Forschungen, Band 4.
Maeder, A. (1913). Über das Traumproblem. Jahrbuch für psychoanalytische und psychopathologische Forschungen, Band 5.
Maeder, A. (1949). Selbsterhaltung und Selbstheilung. Die Selbsttätigkeit der Seele. Zürich: Rascher.
Schultz-Hencke, H. (1949). Lehrbuch der Traumanalyse. Stuttgart: Thieme.

Neuere Literatur zu Jung, Boss u.a.:

Adam, K.-U. (2000). Therapeutisches Arbeiten mit Träumen. Theorie und Praxis der Traumarbeit. Heidelberg: Springer.
Gabel, Stewart (1991). Monitoring the state of the self in dreams: Historical perspectives and theoretical implications. Psychoanalysis and Contemporary Thought, 14, 425–452.
Hall, James, A. (1991). Patterns of dreaming. Jungian techniques in theory and practice. Boston: Shambhala Publ.
Jacobi, Jolande (1959). Die Psychologie von C. G. Jung. Eine Einführung in das Gesamtwerk. Zürich.
Mattoon, M. A. (1978). Applied dream analysis: A Jungian approach. Washington, DC: V. H. Winston.
Meier, C. A. (1995). Die Bedeutung des Traumes. Zürich: Daimon.
Stevens, A. (1996). Vom Traum und vom Träumen. Deutung, Forschung, Analyse. München: Kindler.

Struck, E. (1992). Der Traum in Theorie und therapeutischer Praxis von Psychoanalyse und Daseinsanalyse. Weinheim: Deutscher Studien Verlag.
Ulman, Montague und Zimmermann, Nan (1983). Mit Träumen arbeiten. Stuttgart: Klett.

4. Psychoanalytische Traumforscher nach Freud (Zweite Hälfte des 20. Jahrhunderts)

Breger, L. (1967). Function of dreams. Journal of Abnormal Psychology Monograph, 72, 1–28.
Foulkes, D. (1978). A grammar of dreams. New York: Basic Books.
French, T. (1954). The integrative proocess in dreams. Chicago: The University of Chicago Press.
French, T. & Fromm, E. (1964). Dream Interpretation. New York: Basic Books.
Greenberg, R. & Pearlman, C. (1975). A psychoanalytic-dream continuum: The source and function of dreams. International Review of Psycho-Analysis, 2, 441–448.
Greenberg, R. & Pearlman, C. (1978). If Freud only knew: A reconsideration of psychoanalytic dream theory. International Review of Psycho-Analysis, 5, 71–75.
Grunert, U. (1975). Narzißtische Restitutionsversuche im Traum. Psyche. Zeitschrift für Psychoanalyse und ihre Anwendungen, 31, 1057–1078.
Moser, U. (1992). Zeichen der Veränderung im affektiven Kontext von Traum und psychoanalytischer Situation. Psyche. Zeitschrift für Psychoanalyse und ihre Anwendungen, 46, 923–958.
Moser, U. (1999a). Das Traumgenerierungsmodell (Moser, von Zeppelin) dargestellt an einem Beispiel. In: H. Bareuther et al. (Hg.), Traum, Affekt und Selbst. Sigmund-Freud-Institut. Psychoanalytische Beiträge 1 (S. 49–82). Tübingen: Edition diskord.
Moser, U. (1999b). Selbstmodelle und Selbstaffekte im Traum. Psyche. Zeitschrift für Psychoanalyse und ihre Anwendungen, 220–249.
Moser, U. & I. v. Zeppelin (1987a). Träumen wir Affekte? Affektive Kommunikation im Traumprozeß. Teil 1. Affekte und manifester Traum. Forum der Psychoanalyse, 3, 143–152.
Moser, U. & I. v. Zeppelin (1987b). Träumen wir Affekte? Affektive Kommunikation im Traumprozeß. Teil 2. Forum der Psychoanalyse, 3, 227–237.
Moser, U. & von Zeppelin, I. (1996). Der geträumte Traum. Wie Träume entstehen und sich verändern. Stuttgart: Kohlhammer.
Moser, U. & v. Zeppelin, I. (1999). Der geträumte Traum – Traumgenerierung und Traumcodierung. In: H. Deserno (Hg.), Das Jahrhundert der Traumdeutung. Perspektiven psychoanalytischer Traumforschung (S. 375–396). Stuttgart: Klett-Cotta.

5. Neurophysiologische und neurobiologische Befunde und Hypothesen

Crick, F. & Mitchison, G. (1983). The function of dream sleep. Nature, 304, 111–114.

Crick, F. & Mitchison, G. (1986). REM sleep and neral nets. Journal of Mind and Behavior, 7, 229–249.

Fisher, C. (1965). Psychoanalytic implications of recent research on sleep and dreaming: Part I. Empirical findings; Part II. Implications for psychoanalytic theory. Journal of the American Psychoanalytic Association, 13, 197–303.

Hobson, J. A. (1989). Sleep. San Francisco: Freeman.

Hobson, J. A. & McCarley, R.W. (1977). The brain as a dream state generator: An activation-synthesis hypothesis of the dream process. American Journal of Psychiatry, 134, 1335–1348.

Solms, M. (1997). The neuropsychology of dreams. A clinico-anatomical study. Mahwah, N. J.: Lawrence Erlbaum.

6. Empirische Arbeiten zum Traum

Albani, C. et al. (2001). Beziehungsmuster in Träumen und Geschichten über Beziehungen in einem psychoanalytischen Prozess. Forum der Psychoanalyse, 17, 287–296.

Fiss, H. (1984). Toward a clinically relevant experimental psychology of dreaming. Hillside Journal of Clinical Psychiatry, 5, 147–159.

Fiss, H. (1986). An empirical foundation for a self psychology of dreaming. Journal of Mind and Behavior, 7, 161–192.

Fiss, H. (1989). An experimental self psychology of dreaming: Clinical and theoretical applications. In: A. Goldberg (Ed.), Dimensions of self experience: Progress in self psychology, Vol. 5 (pp. 13–24). Hilldale, NJ: The Analytic Press.

Fiss, H. (1993). The „royal road“ to the unconscious revisited: A signal detection model of dream. In: Kramer, M. & Hoffman, R. (Eds.), The function of dreaming (pp. 381–418). New York: State University of New York Press.

Fiss, H. (1995). The post-Freudian dream. A reconsideration of dream theory based on recent sleep laboratory findings. In: H. Bareuther, K. Brede, M. Ebert-Saleh & N. Spangenberg (Hg.), Traum und Gedächtnis. Materialien aus dem Sigmund-Freud-Institut, Bd. 15 (S. 11–35). Münster: Lit.

Greenberg, R., Katz, H., Schwarz, W. & Pearlman, C. (1992). A research-based reconsideration of the psychoanalytic theory of dreaming. Journal of the American Psychoanalytic Association, 40, 531–550.

Hölzer, M., Zimmermann, V., Pokorny, D. & Kächele, H. (1996). Der Traum als Beziehungsparadigma. Psychotherapie, Psychosomatik, Medizinische Psychologie, 46, 116–123.

Köhler, T & Borchers, H. (1996). Experimentalpsychologische Überprüfungen der Freudschen Traumlehre. Psychotherapie, Psychosomatische Medizin, Medizinische Psychologie, 46, 419–422.

Leuschner, W., Hau, S. & Fischmann, T. (1998). Couch im Labor. Experimentelle Erforschung unbewußter Prozesse. Psyche. Zeitschrift für Psychoanalyse und ihre Anwendungen, 52, 824–849.

Popp, C., Luborsky, L. & Crits-Christoph, P. (1990). The parallel of the CCRT from therapy narratives with the CCRT from dreams. In: Luborsky, L. & Crits-Christoph, P. (1990). Understanding transference. The CCRT Method (pp. 158–172). New York: Basic Books.

Thomä, H. (1965). Bemerkungen zur Bedeutung neuerer physiologischer Schlaf- und Traumuntersuchungen für die psychoanalytische Traumlehre. Psyche. Zeitschrift für Psychoanalyse und ihre Anwendungen, 19, 801–812.

Van de Castle, R. (1994). Our dreaming mind. New York: Ballantine.

7. Traumdeutung

Benedetti, G. (Hg.) (1998). Botschaft der Träume. Göttingen: Vandenhoeck & Ruprecht.

Deserno, H. (1992). Zum funktionalen Zusammenhang von Traum und Übertragung. Psyche. Zeitschrift für Psychoanalyse und ihre Anwendungen, 46, 959–978.

Ermann, M. (1998). Träume erzählen und die Übertragung. Forum der Psychoanalyse, 14, 95–110.

Ermann, M. (2000). Traumstörung. Über die Kreativität des Träumens und ihr Scheitern. Forum der Psychoanalyse, 16, 358–371.

Grunert, U. (1975). Narzißtische Restitutionsversuche im Traum. Psyche. Zeitschrift für Psychoanalyse und ihre Anwendungen, 31, 1057–1078.

Kanzer, M. (1955). The communicative function of the dream. International Journal of Psycho-Analysis, 36, 260–266.

Klauber, J. (1969). Über die Bedeutung des Berichtens von Träumen in der Psychoanalyse. Psyche. Zeitschrift für Psychoanalyse und ihre Anwendungen, 46, 280–294.

Koukkou, M., Leuzinger-Bohleber, M. & Mertens, W. (1998). Erinnerung von Wirklichkeiten. Psychoanalyse und Neurowissenschaften im Dialog. 2 Bde., Stuttgart: Klett.

Meltzer, D. (1995). Traumleben. Eine Überprüfung der psychoanalytischen Theorie und Technik. Stuttgart: Verlag Internationale Psychoanalyse.

Mentzos, S. (1995). Traumsequenzen. Zur Psychodynamik der Traumdramaturgie. Psyche. Zeitschrift für Psychoanalyse und ihre Anwendungen, 49, 653–671.

Morgenthaler, F. (1986). Der Traum. Frankfurt/M.: Qumran.

Rhode-Dachser, C. (1983). Träume in der Behandlung von Patienten mit schweren Ich-Störungen. In: Ermann, M. (Hg.), Der Traum in Psychoanalyse und analytischer Psychotherapie (S. 107–119). Berlin: Springer.
Segal, H. (1996). Traum, Phantasie und Kunst. Stuttgart: Klett-Cotta.

Zitierte Literatur:

Arlow, J. A. (1969). Unconscious fantasy and disturbances of conscious experience. Psychoanalytic Quarterly, 38, 1–18.
Bartels, M. (1979). Ist der Traum eine Wunscherfüllung? Psyche. Zeitschrift für Psychoanalyse und ihre Anwendungen, 33, 97–131.
Ciompi, L. (1997). Die emotionalen Grundlagen des Denkens. Entwurf einer fraktalen Affektlogik. Göttingen: Vandenhoeck & Ruprecht.
Damasio, A. R. (1994). Descartes' Irrtum. Fühlen, Denken und das menschliche Gehirn. München: List.
Ellenberger, H. F. (1985). Die Entdeckung des Unbewußten. Zürich: Diogenes.
Freud, S. (1899a). Über Deckerinnerungen. GW 1, 531–554.
Freud, S. (1900a). Die Traumdeutung. GW 2/3.
Freud, S. (1901a). Über den Traum. GW 2/3, 643–700.
Freud, S. (1905e(1901)). Bruchstück einer Hysterie-Analyse. GW 5, 161–286.
Freud, S. (1911e). Die Handhabung der Traumdeutung in der Psychoanalyse. GW 8, 350–357.
Freud, S. (1913a). Ein Traum als Beweismittel. GW 10, 12–22.
Freud, S. (1913d). Märchenstoffe in Träumen. GW 10, 2–9.
Freud, S. (1916–17a). Vorlesungen zur Einführung in die Psychoanalyse. GW 11.
Freud, S. (1920f). Ergänzungen zur Traumlehre. GW Nachtr., 622f.
Freud, S. (1920g). Jenseits des Lustprinzips. GW 13, 1–69.
Freud, S. (1923c). Bemerkungen zur Theorie und Praxis der Traumdeutung. GW 13, 301–314.
Freud, S. (1925d). Selbstdarstellung. GW 14, 31–96.
Freud, S. (1933a). Neue Folgen der Vorlesungen zur Einführung in die Psychoanalyse. GW 15.
Freud, S. (1985c). Briefe an Wilhelm Fließ. 1887–1904. Ungekürzte Ausgabe. Herausgegeben von Jeffrey Moussaieff Masson. Deutsche Fassung von Michael Schröter. Frankfurt/M.: S. Fischer.
Mertens, W. (1998). Psychoanalytische Grundbegriffe. Ein Kompendium. 2. überarbeitete Auflage. Weinheim: Beltz, Psychologie Verlags Union.
Peichl, J. (1992). Gibt es bei Freud zwei psychoanalytische Traumtheorien? Zeitschrift für psychosomatische Medizin und Psychoanalyse, 38, 129–142.
Slavin, M. O. & Kriegman, D. (1992). The adaptive design of the human psyche. Psychoanalysis, evolutionary biology, and the therapeutic process. New York; London: Guilford Press.

Register